Enterprise Bankruptcy Law

破产法

汪涛 编著

WUHAN UNIVERSITY PRESS
武汉大学出版社

图书在版编目(CIP)数据

破产法/汪涛编著.—武汉:武汉大学出版社,2015.6
ISBN 978-7-307-16067-5

Ⅰ.破…　Ⅱ.汪…　Ⅲ.破产法—研究—中国　Ⅳ.D922.291.924

中国版本图书馆 CIP 数据核字(2015)第 126517 号

责任编辑:陈　帆　　　责任校对:汪欣怡　　　整体设计:马　佳

出版发行:**武汉大学出版社**　(430072　武昌　珞珈山)
　　　　　(电子邮件:cbs22@whu.edu.cn　网址:www.wdp.com.cn)
印刷:武汉中远印务有限公司
开本:720×1000　1/16　印张:12.75　字数:182 千字　插页:1
版次:2015 年 6 月第 1 版　　2015 年 6 月第 1 次印刷
ISBN 978-7-307-16067-5　　定价:39.00 元

目　　录

第一编　总　论

第一编　总论

第一章 破产与破产法概述

第一节 破产的概念与特征

一、破产的概念

破产（Bankruptcy）一词来源于拉丁语"Falletux"，意思是失败。①在日常生活中的基本意义主要指：一是比喻事情全部失败；二是指丧失全部财产。法律上的破产是商品经济发展到一定阶段的产物，严格意义上讲是资本主义商品经济发展到一定阶段的产物。法律上的破产是处理经济上破产时债务如何清偿的一种法律制度，即在债务人不能清偿债务时，由法院强制执行其全部财产，公平清偿全体债权人的法律制度。② 我国的《法学大辞典》对破产所下的定义是"债务人不能清偿到期债务或负债超过资产时，由法院强制执行其全部财产，公平清偿全体债权人，或者在法院主持下，由债务人和债权人会议达成和解协议，避免倒闭清算的法律制度"。③ 从该定义可以看出，法律上的破产包含两层含义：一是指破产状态，即债务人出现不能清偿到期债务或负债超过资产的状态；二是指法院对出现破产状态的企业强制执行其全部财产，公平清偿全体债权人的程序。

---

① 柴发邦主编：《破产法教程》，法律出版社 1990 年版，第 1 页。
② 王欣新：《破产法》（第 3 版），中国人民大学出版社 2011 年版，第 3 页。
③ 邹瑜、顾明主编：《法学大辞典》，中国政法大学出版社 1991 年版，第 1295 页。

二、破产的法律特征

通常认为，破产的法律特征主要有以下几项：

（1）破产是一种执行程序。通常学者认为破产是一种概括的执行程序，即为全体债权人的利益而对债务人的全部财产进行的执行程序。普通的民事执行程序则是为个别债权人的利益而进行的。两者虽有区别，但作为执行程序的基本性质是相同的。正是因为破产属于执行程序，所以在破产程序中不解决当事人之间的实体争议，破产程序中如果出现实体争议应当另行通过诉讼途径解决。

（2）破产是在特定情况下适用的执行程序。破产虽然本质上属于执行程序，但是，其和一般执行程序不同，这种程序的启动必须具备一定的前提条件。对于这种前提条件虽然各国规定不尽相同，但是一般均和债务人不能清偿到期债务有关。至于不能清偿的原因有可能是资不抵债，也有可能是由于流动资金不足，导致不能清偿到期债务。

（3）破产是以债务人全部财产为清偿对象。破产是以债务人的全部财产对全体债权人进行公平清偿。由于是以全部财产进行清偿，而财产是企业承担民事责任的基础，所以，破产清算后，债务人将因丧失企业承担民事责任的基础而导致主体资格的消亡。

（4）破产是一种公平清偿债务的程序。在债务人破产的情况下，通常有若干债权人，同时债务人的资产又不能满足所有债权人的全部清偿要求，这就需要对全体债权人进行公平的清偿。需要强调的是，对全体债权人的公平清偿并不等于平等清偿，而是根据不同性质的债权确定不同的清偿顺序，相同性质的债权按照相同的比例进行清偿。公平清偿是破产程序中应当遵循的一项重要原则。

第二节　破产法的历史变迁

一、罗马法上的债权平等受偿制度

破产制度是由债务执行制度逐步演化而来的，因此，探究破产制度的变迁必须从债务执行制度开始。考察破产法的发展历史，往往离不开对罗马法上诉讼程序中执行程序的回顾。因为从一定程度上讲，早期破产法虽然源于欧洲中世纪后期城市商业经济的法律革新，但是它却是取材于博大精深的古罗马诉讼程序制度。①

罗马共和国在《十二铜表法》中确立的对债务人债务的执行程序是一种对债务人人身和财产的双重扣押制度。例如，《十二铜表法》第 3 表中规定，普通债务到期时，债务人有 30 日的宽限期设法还债。如逾期仍不能清偿，债权人即可以武力扭送债务人至法官前，以手触其身，陈述负债的原因和数额以及债务人未能清偿的事实。此时，被告不得反抗。如果被告不能清偿债务，也不能和原告达成和解，又无亲友出面作保，法官即裁判将债务人交与债权人。债权人即可将债务人囚于私牢，羁押期为 60 日。在此期间，债务人虽丧失自由，但不丧失行为能力，仍可与债权人进行和解。此间，债权人应将债务人带至市场三次，宣布其应偿的数额，寻求他人担保，或使其亲友怜悯而代为清偿。如 60 日的羁押期满以后，债务人仍无法还债时，债权人即可将债务人出售于国外为奴，甚或杀之。如有数个债权人时，则共享出卖的价金，或分割其尸体。②在此种规定之下，众多债务人因惧怕沦为奴隶或者被杀死而丢弃财产逃亡，造成许多无主财产。在此情况下，无主财产归先占者所有，但对于其他债权人则有失公平，于是，罗马法上出现了对债务平等清偿的制度。其中"财产蒐卖"和"财产分期出售"已经较为明显地显示出债权人平等受偿的观念，且"财产分期出售"更接近于现代破产制度。该制度规定，财产不足清偿时，则按下列顺序办理：①首先支付为各债权人的共同利益而产生的费用，如管财人的报酬、拍卖财产的费用等；②如债务人在价金分配前死亡的，支付其丧葬费；③清偿抵押债权，各债权依其抵押的先后顺序和优先债权性质分配，例如修理房屋、船舶等贷款债权；④清偿普通债

① 李国光主编：《新企业破产法教程》，人民法院出版社 2006 年版，第 10 页。
② 周枏：《罗马法原论》，商务印书馆 1994 年版，第 869 页。

权，如不足，则对各债权按比例分配；⑤偿还因侵权行为所产生的债务；⑥如债务人死亡而生前曾立遗嘱的，则将剩余财产分配给受遗赠人。① 由此可以看出，罗马法上的"财产分期出售"制度已粗具破产制度的雏形，对中世纪后期产生的商事破产程序具有重要的影响。

二、欧洲大陆的破产制度

罗马法上的诸多制度随着西罗马帝国的灭亡而日渐衰退。但是在欧洲城市文明出现之后，它对西欧各国产生了不同程度的影响。意大利破产法起源于中世纪意大利北部地区所流行的债权人私人财产扣押制度以及后来裁判上的假扣押制度。假扣押程序，系仅凭债权人单方提出的债权证明和扣押原因证明，由债权人取得法院对债务人财产的假扣押命令，债权人凭借假扣押命令获得对债务人身体或者财产的执行。罗马法复兴时期的意大利法学家将假扣押制度视同为罗马法上的财产委付制度，而且伴随北部自由城市的发展，商人之间需要快速简易的破产程序来处理破产事务，因而在程序上出现了以债务人停止支付为破产原因的商人破产制度。这是后来各国所采取的商人破产主义立法例的开端。从中世纪的意大利开始，破产制度以保护公共利益为理念，逐步取代了罗马以维护私人利益为理念的破产制度，所有的破产均由法院负责受理。近代意大利破产制度起源于 1865 年 6 月 25 日颁布施行的意大利破产法，1883 年 1 月 1 日施行的《商法典》第 3 卷即为意大利现行有效的破产法。

法国的破产制度继受了罗马和意大利的制度。1667 年的《里昂破产法》即为法国最初的成文破产法。1673 年颁布的《商事条例》第 9 章至第 11 章包含破产的相关规定，成为较为完整的破产法。1807 年的《商法典》第 3 卷成为法国破产法，标志着近代法国破产法的形成。法国破产法以停止支付为商人破产的原因，而非商人则以不能清偿为破产原因。此后，法国破产法经多次修订，将商人破产主义改为一般破产主义。

---

① 周枏：《罗马法原论》，商务印书馆 1994 年版，第 907 页。

　　德国的破产制度仅有假扣押程序的固有法。债权人为保全其权利，可以拘禁债务人，并扣押债务人的财产。在债权人有数人的情形下，先行进行假扣押的债权人可以优先于其他债权人获得清偿，这一制度称为执行优先主义。到了15—16世纪，德国一方面继受罗马和意大利的破产制度，采纳债权人自力救济制度；另一方面又保存其固有法。1855年的普鲁士破产法是德国最早的破产法，采取折中主义的立法例，商人与非商人均可宣告破产。1877年德国颁布了统一后的破产法，并于1898年修订，此后于1994年再次作出重大修订，原法中的"破产"一词也由"Konkurs"替换为"Insolvenz"（支付不能）,[①] 成为德国现行的破产法。1927年，德国颁布了和解法。

　　英国、美国是判例法国家，以不成文法为主，但是破产法均表现为成文法。英国在1542年就出现了成文的破产法，适用于商人和非商人。1861年英国颁布的破产条例经多次修订成为现行的英国破产法。英国破产法采取和解先置主义和免责主义。美国于1800年首次颁布联邦破产法，仅限于商人破产。此后，又于1841年、1876年、1898年颁布联邦破产法，现行的破产法是1978年颁布的破产法。[②]

三、中国破产法的历史发展

（一）旧中国破产法的历史

　　由于我国曾长期处于农业社会阶段，工商业不发达，加上"父债子还"的传统观念根深蒂固的影响，在社会关系的法律调整上并未产生对破产制度的需求，债务人即便不能清偿债务，实践中也无破产的必要。所以，我国清末以前的律法中，并无对破产制度的规定。到了19世纪中叶，伴随我国门户的开放，中外贸易不断

----

　　①　杜景林、卢谌译：《德国支付不能法》，法律出版社2002年版，第1~2页。

　　②　李飞主编：《当代外国破产法》，中国法制出版社2006年版，第443页。

繁荣，由传统的重农抑商转变为工商并举的政策，因而产生了破产制度的社会需求。1906 年，由修律大臣沈家本起草《破产律》，共 69 条，主要适用于商人的破产。《破产律》引入西方破产法的理念和制度，例如免责主义、债权人平等原则等，为今后破产法的立法奠定了基础。由于《破产律》第 14 条规定债权人平等受偿原则，与当时先赔偿洋款后赔偿官款的规定冲突，遭到有关政府部门的反对，《破产律》于 1908 年被废止。

　　1911 年辛亥革命之后，国民党重新制定各种法律。1915 年由前北京法律修订馆拟定破产法草案，内容分为实体法、程序法、罚则三编，共 337 条。该法以德国破产法、日本旧破产法为蓝本，虽具备破产法的梗概，然亦有错误失当之处，当时未能公布实施。[①] 1927 年，司法部将该破产法草案呈准暂予施行。1934 年，又颁布《商人债务清理暂行条例》，共 68 条，不分章节，其主要目的在于采用强制和解制度，而在和解不成时，使债权人可利用清算程序迅速实现其权利。1935 年 4 月，立法院民法委员会开始起草《破产法》。当时，农村经济面临衰落的危机，工商业倒闭事件屡屡发生，个人无力偿债者也比比皆是。为适应社会对破产清算程序的需求，破产法采一般破产主义，并将破产清算程序与破产和解程序同时规定，对破产人实行非惩戒主义和免责主义。该法分总则、和解、破产、罚则等四章，共 159 条，于 1935 年 7 月 17 日公布，翌日公布《破产施行法》，均自同年 10 月 1 日起施行。该法经 1937 年和 1980 年的局部修改，目前仍为我国台湾地区的"破产法"。

　　（二）新中国的破产法律制度

　　我国的现代破产法律制度是在计划经济体制向市场经济体制的过渡中，随着企业法人制度的逐步确立和完善而建立起来的。[②] 我国统一的全国性破产立法是于 1986 年 12 月 2 日第六届全国人大常

---

　　① 王晨雁编著：《经济法律新论》，中国审计出版社 2000 年版，第 161 页。

　　② 王晨雁编著：《经济法律新论》，中国审计出版社 2000 年版，第 161 页。

委会第十八次会议通过的《中华人民共和国企业破产法（试行）》（以下简称《破产法（试行）》。鉴于《破产法（试行）》仅适用于全民所有制企业，而全民所有制企业以外的其他企业同样需要破产法的调整，所以，1991 年 4 月 9 日，第七届全国人大第四次会议通过的《中华人民共和国民事诉讼法》（以下简称《民事诉讼法》，已被修订）于第二编"审判程序"中专设第 19 章"企业法人破产还债程序"，适用于全民所有制企业以外的具有法人资格的其他企业的破产案件。①

　　因《破产法（试行）》共有 6 章 43 条法律规定，《民事诉讼法》中的"企业法人破产还债程序"一章只有 8 个条文。随着我国经济体制改革的不断深入以及对市场经济体制改革目标的确立，这些较为笼统的规定，无论是在实体权利的处理方面还是程序规范的适用方面，都不能完全满足经济体制改革和经济发展的需要，并日渐暴露出其诸多缺陷，影响到对破产关系的正确调整。从各方面的反映来看，这些缺陷主要包括：①受计划经济观念和体制的影响，立法理念和目标方面的偏差，因此导致存在许多部分或者全部与市场经济不能相容的规定；②立法内容过于简单、粗糙，诸多制度存在疏漏，法律规范缺少可操作性；③对国外已有的成功的立法经验与制度借鉴不足；④适用对象范围上存在较大的局限性，针对不同企业采取不同的制度，立法体制上的双轨制破坏了法制的内在统一性；⑤一些新法的出台使其与其他法律之间的相互协调性不够，与相关破产法规和行政规章，包括《国务院关于在若干城市试行国有企业破产有关问题的通知》之间存在冲突和矛盾，等等。

　　1994 年 3 月，全国人大财经委员会根据第八届全国人大常委会立法规划的要求，着手组织《破产法》的起草工作。1995 年 9 月，全国人大财经委员会将新破产法草案提交全国人大常委会。从公布的第八届人大常委会 1995 年的立法规划来看，《破产法》应属于 1995 年出台的立法文件之一。但因种种原因，破产法草案并

---

　　①　曹胜亮、曾斌主编：《商法》，华中科技大学出版社 2008 年版，第 203 页。

未付诸审议。2003年，第十届全国人大财经委员会又成立新的破产法起草组。新的破产法起草组对破产法进行了积极起草，广泛开展了调研，多次召开立法座谈会，征求了各方面的意见，经过多次审查修改，于2006年8月22日经第十届全国人大常委会第二十三次会议，于2006年8月27日通过《中华人民共和国企业破产法》（以下简称《破产法》）。自《破产法》施行之日起，《破产法（试行）》同时废止。新《破产法》的颁布实施，使得我国企业破产法律制度更加完善。①

现行《破产法》具有以下几个方面的亮点：

第一，将适用范围扩大到承担有限责任的各种所有制的企业法人，而不仅仅适用于全民所有制企业。

第二，将破产原因界定为"不能清偿到期债务，并且资产不足以清偿全部债务或者明显缺乏清偿能力"，而不是单纯用不能清偿到期债务或者资不抵债为标准，判断企业是否具备破产原因。

第三，将破产案件的适用程序由清算与和解整顿两种增加为破产清算、重整、和解三种。

第四，设立重整制度，对有拯救希望的企业法人以再生的机会，并对重整保护期间及其财产和营业管理、重整计划的制定、通过、批准和执行作了详细规定。

第五，设立破产管理人制度，并规定在人民法院受理破产申请的同时指定管理人，接管债务人的财产和事务。

第六，规定了破产程序开始后为全体债权人的共同利益以及破产程序的顺利进行而负担的共益债务，并规定了共益债务由债务人财产随时偿还的原则。

第七，设立债权人委员会作为破产监督人，监督破产程序的进行，实现债权人的自治需求。

第八，扩大了追加分配的财产范围，最大限度地保护债权人的利益。

第九，慎重地协调了破产程序中职工债权和担保权的关系，同

---

① 范健、王建文：《破产法》，法律出版社2009年版，第32~33页。

时对有限制的职工债权规定了特别保护。

第三节　破产法的功能和立法主义

一、破产法的功能

破产法是市场经济社会法律体系的重要组成部分，对市场经济的发展起着重要的保障作用。法律是对现实社会关系的反映，同时又对社会关系的发展起着重要的导向作用。要改革阻碍生产力发展的旧经济体制，建立社会主义市场经济的正常秩序，必须依靠破产法来进行调整，破产法是市场经济社会中一部不可或缺的法律。破产法作为市场经济社会的重要法律主要具备以下功能：

（1）利益衡平功能。传统破产法的立法的具体目标是清理债务人的财产以清偿债权，债权人的利益至上；但是现代破产法的具体目标趋向多元化，破产法不仅必须在总体目标和各项具体目标之间保持平衡，而且在这些利害关系方不同的利益之间保持平衡，同时必须在这些利益和有关社会、政治和其他政策方面的考虑之间保持平衡。只有一种比较好的破产程序，一种比较好的在法律制度下的商业安排，才能够让债权人、债务人以及相关利益者的利益得以平衡。对债权人来说，通过破产程序，可以使他们的债权请求得到公正的待遇，避免了在缺乏公平清偿秩序的情况下可能受到的损害；对债务人企业来说，破产制度可以起到两种作用，一是淘汰落后，二是起死回生（通过和解、重整、破产企业的整体变价来实现）；[1] 对于社会而言，破产可以促进优胜劣汰，维护正常的经济秩序和社会稳定。所以，破产法具有利益衡平的价值。

（2）维护正常经济秩序的功能。在市场经济条件下，当企业出现不能清偿到期的债务时，往往会影响到一批债权人、债务人，如果没有破产还债这一制度，有可能使大多数的企业陷入债务锁链

---

① 王卫国主编：《商法》（第 2 版），中央广播电视大学出版社 2008 年版，第 124 页。

而难以正常有序地开展商事活动。现代社会具有连带互动作用，一个企业出现不能清偿到期债务的情况时，若不及时启动破产程序，其损害有可能扩大，势必拖累与其有依赖关系之多数企业，形成多米诺骨牌般之连锁倒闭，导致失业等动荡不安之严重社会问题。而企业以破产的方式了结债权、债务，类似于割掉自己身体的"毒瘤"，既能防止损害的进一步扩散，又能使经济活动恢复到正常的秩序状态。

（3）优胜劣汰，保持市场主体活力的功能。市场经济的逐步确立和完善，使得市场主体间的竞争也愈加激烈。竞争本是市场经济的题中之意，其结果必然是优胜劣汰，一些不能适应市场要求的企业无疑将退出市场。在市场经济体制下，通过破产程序是淘汰一些不适应市场要求的企业的重要途径。通过破产程序，让那些不能清偿到期债务的，不能适应市场要求的企业合理有序地退出市场，把资源和机会让给更有实力和活力的其他主体，这无疑对保持市场主体活力是具有十分重要的意义的。

二、我国现行《破产法》立法宗旨的创新

2006 年 8 月 27 日，第十届全国人大常委会第二十三次会议通过了《破产法》，自 2007 年 6 月 1 日起施行。现行《破产法》以社会主义市场经济规律为立法基点，借鉴各国立法之有益经验，结合中国国情，创新性地制定了破产法律的基本制度。

现行《破产法》的创新首先体现在立法宗旨之中。法律的立法宗旨有时不为从事实务的工作者所重视，而具体的法律制度只有通过实务工作者的正确实施，立法宗旨才能得到实现。对现行《破产法》的立法宗旨应从以下几个方面理解。第一，现行《破产法》对一些具体的法律制度进行了变革，如将清算组制度改为管理人制度，创设重整制度等。对这些创新与变革，只有从立法宗旨的高度予以理解才能有助其顺利实施。第二，在现行《破产法》立法过程中，对一些体现立法宗旨的重要法律制度该如何制定存在过重大争议，如国有企业的政策性破产是否保留，职工债权与担保物权债权清偿顺序的确定等，对这些争议的实质与立法解决模式也

只有从立法宗旨的高度才能得到正确的理解与把握。第三，也是最重要的一点，就是在《破产法（试行）》的实施中发生了种种违背破产法基本原则的失误，尤其是在所谓政策性破产的不良导向下使立法宗旨在实施中被歪曲，并由此形成了一些错误的思维定式与操作惯例。在现行《破产法》实施后，必须大力宣传新的立法宗旨，才能保证新法在执行中不会被曲解，不会再有意无意地"穿新鞋走老路"，不再重蹈《破产法（试行）》实施失误之覆辙。这是关系我国破产立法之成败、市场经济体制之最终确立的重要问题，需要予以高度的重视。①

立法宗旨的创新，第一是明确了《破产法》的特殊社会调整目标，区分了其直接社会调整作用与间接社会影响的关系；第二是明确区分了破产法与社会保障法、劳动法等相关立法之间不同的调整范围，将不属于破产法调整的职工救济、安置等社会问题排除在破产程序之外，从理论上为破产法的实施扫除最大的社会障碍；第三是排除了政府不正当的行政干预，从而避免因地方政府执政利益的影响而歪曲破产法的实施，同时强调政府必须履行其应尽的提供社会保障、安置失业职工等职责，解决法院审理破产案件的社会干扰，保证破产法的顺利实施。

（一）明确破产法的社会调整作用

现行《破产法》第 1 条明确规定，其立法目的就是为"保护债权人和债务人的合法权益，维护社会主义市场经济秩序"，这表明其贯彻的是市场经济的理念。而《破产法（试行）》第 1 条则将"适应社会主义有计划的商品经济发展和经济体制改革的需要，促进全民所有制企业自主经营，加强经济责任制和民主管理，改善经营状况，提高经济效益"等与破产法无直接关系的社会目标列在立法目的之首位，而"保护债权人、债务人的合法权益"则被放在了最后。这绝不仅是文字表述上的问题，它反映出人们对破产法调整作用认识的偏差以及《破产法（试行）》中计划经济体制残余

①　王欣新：《新破产法立法宗旨的创新》，《检察日报》2007 年 11 月 9 日。

的影响。新旧《破产法》立法宗旨上的变化，反映出人们对《破产法》社会调整机制的认识逐步趋向正确与深化。

多数人的债权可能在债务人不足清偿的有限财产上发生竞合，使原来仅存在于单个债权人与债务人之间的清偿矛盾进一步扩展到了多数债权人之间。这时，如根据一般民法原理允许债务人对个别债权人清偿，或允许债权人个别强制执行，则先偿还或先执行的债权人可能获得全额清偿，而其他债权人则可能分文不获，造成同等债权却得不到同等清偿的不公平现象。

在缺乏破产法调整的情况下，一方面，这迫使不甘利益受损的债权人不得不自力救济，维护其利益。但因国家未给债权人提供合法手段，便难免出现债权人抢占债务人财产，甚至非法拘禁债务人而逼债等违法行为。另一方面，债务人不仅要饱受多重讼累，而且对债务永远负有清偿责任。那些事业尚有转机的债务人要想避免企业倒闭，只能逐个与债权人达成和解，而这是非常困难的，在原有法律体系内是无法得到对事业重整的制度支持。另外，债务人在以全部财产清偿债权人尚且不足的情况下，对其财产已丧失实际利益，极易引发道德风险，如隐匿、抽逃资产逃避债务，进行破产欺诈或偏袒性清偿，损害债权人的利益。所以，当债务人丧失清偿能力时，要公正解决债务清偿问题，维护社会经济秩序，实现法的公平、正义的价值，就必须有一种与原有的债权制度和民事诉讼与执行制度不同的特别法律制度来调整，这就是破产法。

破产法的直接调整作用，是通过其特有的调整手段保障债务关系在债务人丧失清偿能力时的有序公平实现，解决对多数债权人的公平清偿，维护债权人和债务人的正当权益，维护社会利益与经济秩序。这才是破产立法的根本宗旨。就债务清偿而言，破产法将当事人的个别清偿转化为集体的清偿，纠正在破产临界期间债务人有碍公平清偿的行为，将债务人所有的财产集合起来，将所有的债权人组成团体，按照债权不同的性质、顺序、比例给予公平的清偿，这是破产法产生之初的主要调整作用，而后又逐步产生通过免责等制度维护债务人的正当权益，通过和解、重整制度预防破产发生，进而维护社会利益等调整作用。而破产法的间接影响，如改善经营管理，提高经济效益或对产品结构、资源配置的调整，可以采取行政手段解决。唯独在债务人丧失清偿能力时对债务关系的调整上，破产法的作用是任何其他法律或行政措施所无法替代的。在理解破产法的立法宗旨时，必须以此作为基点，才能使人们真正认识其重要社会作用所在。

（二）区分破产法与社会保障法和劳动法的调整范畴

破产的社会涉及面甚广，由此产生的种种社会问题绝不是单独一部破产法就能全部解决的，这需要多个法律部门相互配合、综合发挥作用才能完成这个社会任务。其中，破产法着重解决的是债务清偿的法律问题，调整的主要是民事关系，而破产企业职工的社会保障、就业安置等问题应当由社会保障法、劳动法解决。

社会保障法律制度是以国家为主导强制性建立的。享受就业权利与社会保障是公民的宪法权利，也是国家对公民的义务。不同法律部门的基本原则、价值理念是不同的。破产法强调的是遵循市场经济竞争规律，保障对债务的公平清偿，维护经济秩序，而社会保障法更多地强调对人权的维护，是对社会弱势群体的特殊保护，是对市场经济之自然规律形成的利益体系作反向的政策性调整。如果把这两种不同的立法宗旨硬塞到一个法中，尤其是破产法中，必然会造成不同立法调整功能的混淆与立法原则间的冲突，进而人为地引发激烈的社会矛盾。

《破产法（试行）》立法宗旨的错位更多地表现在其实施体系中。在国务院下发的《关于在若干城市试行国有企业破产有关问题的通知》（国发〔1994〕59号）和《关于在若干城市试行国有企业兼并破产和职工再就业有关问题的补充通知》（国发〔1997〕10号）等文件中，对职工的失业救济、安置费用等问题规定了一套与破产法基本原则不同（当然也与社会保障法不同）的政策性破产制度。依法破产与政策性破产的关键区别，绝不是对职工应否进行妥善安置（因为失业与救济问题本应由政府负责解决），而是职工救济安置费用应由谁承担，与破产有关的社会保障问题应由谁解决。前者之费用是从失业保险基金等社会保障基金中支付，不足者由各级政府财政承担，与破产有关的社会保障问题在破产程序之外由地方政府解决；而后者则全部从破产财产包括担保财产中支付，实质上是转嫁由全体债权人承担，① 不足部分才由政府财政（包括中央政府专门给予的财政补贴）承担，与破产有关的社会保障问题在破产程序内名义上由法院解决。在这种政策导向下，地方政府可以不承担或少承担本应由其财政承担的职工救济安置费用，甚至还可能从中渔利。在巨大利益的驱动下，政策性破产被迅速普遍实施，甚至远远超过国务院原想控制的范围（一些地方甚至出现花钱买政策性破产指标的现象）。如前所述，政策性破产的错误之处与是否解决职工救济、安置问题无关，而是在于它硬将企业行政关闭措施冠之以破产名义实施，不仅败坏了破产的名声，而且形成了破产法的错误实施模式；在于它使地方政府通过所谓的政策又一次获得以行政干预破坏市场正常运行规律、侵蚀司法权力的机会，使地方政府可以将其狭隘的规避责任、减少财政支出的利益得以公开地以损害债权人利益的方式实现。政策性破产使对债权人利益的保护与对职工的救济、安置，这两个本应由不同立法解决的问题因"搬错了道岔而撞车"，导致发生激烈的社会冲突，破坏了市场经济秩序。现在，根据现行《破产法》及国务院的有关规定，政策性破产被限制在 2008 年年底前终止，以后对职工利益的维护主要依靠社会保障法、劳动法等来解决。

（三）排除不正当的行政干预，明确政府应履行之职责

现行《破产法》努力排除旧破产立法与执法中普遍存在的政府不正当行政干预，纠正行政权力对司法权力的侵蚀，纠正政府财政对债权人利益的剥夺，确立了要以市场化的运作模式解决破产问题的基本原则。在现行《破产法》中并非完全没有国家意志的介入（这在现代社会是不可能的），但其介入被限制在合理、合法的范围内，如体现在涉及社会公共利益的企业如金融企业破产时，要经过国家有关部门的批准；在重整程序中设置法院强制批准重整计

---

① 参见史际春、袁达松主编：《经济法学评论 第七卷》（2006），中国法制出版社 2007 年版，第 140 页。

划草案程序，以司法干预的形式体现国家对重要企业的保护，等等。

在旧破产法，尤其是政策性破产的实施中，从执法理念上就没有将对债权人利益的保护放在重要位置，而是把保障职工救济与安置等本应由社会保障法和劳动法调整，应由政府解决的社会问题放在审理破产案件的首位，并强迫债权人承担费用与成本。这种错误的做法经过长期的实践在一些人的头脑中已形成思维定式，只要企业破产，就有意无意地按政策性破产的模式办理。所以，如果不能扭转错误的执法思想、思维定式以及操作惯例，现行《破产法》的实施仍可能出现失误。

我们必须在法院与政府之间作出明确的分工，由法院负责在破产案件的审理中解决债务关系，实现对债权人、债务人合法权益的保护，由各级政府负责解决破产企业职工的就业安置、社会保障等问题。两种不同的社会职能、不同的调整对象、不同的工作，必须作出严格的划分，一定要法院、政府各司其职，共同配合，一起解决因企业破产而引发的各种社会问题。社会问题不是破产法所能解决的，更不属于法院的法定职责范围（法院根本不具备安置失业职工的社会资源），绝不允许地方政府将这些社会问题推给法院。过去对地方政府的政务工作曾有过所谓"一票否决制"，今后在破产法的实施上也应当采用这种制度。凡是在企业破产后不积极解决职工的就业安置、生活救济问题，把职工推向法院的政府部门和官员，要严肃追究其渎职责任。只有这样，才能真正使我国破产制度的实施走向正轨。

要彻底解决破产企业职工的救济与安置问题，必须靠社会保障制度、劳动就业制度来完善。这是我国在建立市场经济体制的过程中一个不可回避的难关，而以前对此一直不够重视，且陷入错误的解决模式中，反而导致社会诚信缺失，欺诈逃债案件时有发生。如不认真解决，会使市场经济体制建设在"破产"这一最后环节受到不利影响，从而不利于和谐社会的构建。

三、破产法上的立法主义

破产法上的立法主义，实际上是学者对各国立法、判例与学理上关于破产法的主要问题所采取的立法政策、常理与判例观点进行的总结，它们反映了破产法的主要原则。破产法的主要原则大体有：

（一）商人破产主义和一般破产主义

依据破产法适用范围的不同，存在商人破产主义和一般破产主义。商人破产主义是指破产法只适用于商人破产案件。一般破产主义是指破产法适用于一切破产案例，而不论其是商人破产，还是非商人破产。在破产法发展的早期，各国一般均采用商人破产主义，但是法国自 1673 年在商事敕令中限定破产制度只适用于商人破产起，此制度就一直沿用至今。一般破产主义是现代各国破产法中大多采用的立法准则，个别国家也有例外规定，如英国自然人破产和公司破产分别适用不同的法律。我国至今还没有关于自然人破产的法律规定。

（二）清算主义和重建主义

依破产法立法目的的不同，存在清算主义和重建主义两种立法准则。清算主义是指制定破产法的目的是将债务人的全部财产用于清偿其全部负债。重建主义是指适用破产程序的目的并不在于破产还债，而是通过一定的手段和措施，使债务人得以拯救和复兴，以使债权人的利益得到保障。20 世纪 70 年代以后，破产企业重建制度在全球范围内被提出，并被广泛采纳。重建主义可以说是现代各国破产法中一项重要的制度。

（三）免责主义和不免责主义

依破产清算结果的后果看，存在免责主义和不免责主义两种立法准则。免责主义是指破产程序终结后即免除债务人在破产程序终结后无法清偿的那部分债务，以使其解脱。不免责主义是指在破产程序终结后，债务人无法清偿的那部分债务依然存在，当债务人恢复偿债能力时，仍要进行清偿，直至清偿完全部债务为止。

（四）惩罚主义和非惩罚主义

依对债务人是否有人身的惩罚，存在惩罚主义和非惩罚主义。惩罚主义是指当确定债务人破产时，债务人要接受人身上的惩罚，如予以拘禁。非惩罚主义是在破产程序中，不得对债务人人身给予一定惩罚。惩罚主义自古已有。随着社会文明的进步，现代各国破产法均已摒弃此主义，而采非惩罚主义。

（五）固定主义与膨胀主义

破产财产的固定主义与膨胀主义，主要是用来界定破产财产的范围。所谓固定主义，是指破产财产以债务人在破产宣告时所拥有的财产为限，而不包括破产人在破产宣告后取得的财产。

所谓膨胀主义就是指破产财产不仅包括破产宣告时债务人所拥有的全部财产，而且包括破产宣告后到破产程序终结前所取得的财产。我国破产法采取膨胀主义。

（六）申请主义与职权主义

破产宣告的申请主义，是指对债务人的破产宣告以对债务人的破产申请为根据，没有对债务人的破产申请，法院就不会对债务人宣告破产，突出了"不告不理"的原则。

破产宣告的职权主义，主要是指法院不依当事人的申请而是在查明债务人有破产的原因时，依职权宣告债务人破产的立法原则，体现了公力救济主义的特点。

申请主义和职权主义各有其利弊：申请主义体现了私法自治的特点，但有时会造成不公平，因为即使法院知道债务人有破产原因，也不能对其进行破产宣告，不利于对全体债权人的保护；职权主义体现了国家的干预，但过分干预也会影响私法的自治性，甚至有时会造成程序性成本浪费。故现代破产法以申请主义为原则，而以职权主义为例外。从我国 2006 年《破产法》的制度设计来看，采取的是以申请主义为主，而以职权主义为辅的原则。即在一般情况下，没有当事人的申请，法院不得对债务人启动破产程序，但如果法院已经应当事人的申请进入了和解程序或者重整程序，在和解不能或者重整不能时，法院可以依职权宣告债务人破产。

第二章　破产的申请和受理

第一节　破产申请

一、破产申请的概念

所谓破产申请就是破产申请人依法向有管辖权的人民法院提出，请求裁定对债务人适用破产程序的民事法律行为。由于我国破产程序的启动采取申请主义，所以破产申请是启动破产程序的绝对条件，没有相应的主体提出申请，法院就不能启动破产程序。需要强调的是，破产申请只是启动破产程序的动因，并非是破产程序的开始。

二、破产申请的主体

1. 债权人

债权人提出的破产又称非自愿性破产。按照《破产法》第7条第2款的规定，"债务人不能清偿到期债务，债权人可以向人民法院提出对债务人进行重整或者破产清算的申请"。对债权人利益的保护是《破产法》的重要价值目标之一，因此，债权人作为破产申请的主体应是不言自明之理。

2. 债务人

根据《破产法》第7条第1款之规定，债务人具有《破产法》第2条规定的情形，债务人可以向人民法院提出重整、和解或者破产清算的申请。债务人提出破产申请的重要原因是因为现代破产法规定了债务人的免责制度，这是对债务人提出破产申请的有利激励。一个诚实的债务人可以通过破产程序而获得免责的优惠，从而摆脱债务危机。正是这种有利的激励使得更多的债务人产生了申请破产的原动力。只有适当的免责制度，才能使债务人具有适时申请破产的积极性，所以，在世界各国，90%以上的破产案件是由债务人而非债权人提出的。但是，债务人不能滥用破产免责制度，债务人提出破产申请时必须符合不能清偿到期债务且资不抵债或者明显缺乏清偿能力的条件。

3. 依法负有清算责任的人

《破产法》第7条第3款规定：“企业法人已解散但未清算或者未清算完毕，资产不足以清偿债务的，依法负有清算责任的人应当向人民法院申请破产清算。”所谓“依法负有清算责任的人”，依照相关的法律确定，例如，在公司清算的场合，根据《中华人民共和国公司法》(以下简称《公司法》)第183条的规定，包括有限责任公司的股东、股份有限公司的董事或者股东大会确定的人员以及特定情形下人民法院指定有关人员组成的清算组。企业法人已解散但未清算或者未清算完毕的，属于清算法人，即为清算目的而存在的法人。企业法人解散是指企业因发生章程规定或者法律规定的除破产以外的事由而停止业务活动，进入待清算状态或者实施清算的过程。此时，其法人人格在法律上视为存续，但其营业资格已经丧失。如果企业存在资不抵债的事实，则应当适用破产清算程序清理债务。《破产法》第7条第3款的规定是关于依法负有清算责任的人在破产法中的一项特别申请义务而非权利，所以，清算义务人无权选择不提出破产申请，也不得故意拖延申请。清算义务人违反此项义务不及时申请，导致债务人财产减少，给债权人造成损失的，应当承担赔偿责任。

三、破产申请的提出

根据《破产法》第8条的规定，提出破产申请，应当采用书面形式，即“提交破产申请书和有关证据”。“破产申请书”采用法院规定的统一格式。“有关证据”是指破产申请书所列事项的真实性证明，例如，用于证明申请人身份真实性的文件（如企业法人的营业执照、公民的身份证或护照等）；用于证明申请事实和理由的文件（如债权人用以证明债权有效存在和债务人到期不履行的合同、借据、催款通知书等）。依据《破产法》第 8 条第 2 款的规定，破产申请书应当载明：①申请人、被申请人的基本情况；②申请目的；③申请的事实和理由；④人民法院认为应当载明的其他事项。债务人提出申请的，还应当向人民法院提交财产状况说明、债务清册、债权清册、有关财务会计报告、职工安置预案以及职工工资的支付和社会保险费用的缴纳情况。根据《最高人民法院关于适用〈中华人民共和国企业破产法〉若干问题的规定（一）》第 6 条之规定，债权人申请债务人破产的，应当提交债务人不能清偿到期债务的有关证据。

四、破产申请的撤回

根据《破产法》第 9 条的规定，人民法院受理破产申请前，申请人可以请求撤回申请。《破产法》之所以如此规定，是因为我国破产法采取的是受理开始主义，即法院收到破产申请之时，程序尚未开始；只有当法院对破产申请作出受理裁定时，程序才告开始。除清算责任人外，申请人向人民法院提出破产申请是行使法律赋予的权利，其撤回申请也是行使权利。但是，申请人的撤回权是有时间限制的，即请求撤回申请只能在人民法院受理破产申请之前。在人民法院受理破产案件后，申请人请求撤回破产申请的，应予驳回。如同在普通民事诉讼中原告撤诉一样，由于破产事件已经进入司法权的控制范围，当事人处分自己的权利要受制于司法机关的决定。因此，人民法院对于申请人提出的撤回申请的请求，有权审查其处分权利的正当性以及考虑其撤回行为是否存在恶意的权利滥用，是否有害于其他当事人的合法权益等，并最终以裁定的形式决定是否准许其撤回申请。

五、破产原因

我国关于破产原因的立法，虽然不同的规范性文件对破产原因的表述不尽相同，但均采用概括主义的立法模式。根据我国有关破产立法和司法解释，目前我国对破产原因的表述主要有三种：

（1）1986 年《破产法（试行）》第 3 条规定，企业的破产原因为"因经营管理不善造成严重亏损，不能清偿到期债务"。所谓"不能清偿到期债务"，根据《最高人民法院关于审理企业破产案件若干问题的规定》第 31 条的解释是指：①债务的履行期限已届满；②债务人明显缺乏清偿债务的能力。债务人停止清偿到期债务并呈连续状态，如无相反证据，可推定为"不能清偿到期债务"。

（2）1991 年《民事诉讼法》（已被修订）第 199 条规定，企业的破产原因为"因严重亏损，无力清偿到期债务"。

（3）2013 年《公司法》第 188 条规定："公司清算结束后，清算组应当制作清算报告，报股东会、股东大会或者人民法院确认，并报送公司登记机关，申请注销公司登记，公告公司终止。"

（4）2006 年《破产法》第 2 条规定："企业法人不能清偿到期债务，并且资产不足以清偿全部债务或者明显缺乏清偿能力的，依照本法规定清理债务。"

综合上述规定，可将我国债务人的主要破产原因概括为三个，即"不能清偿"、"停止支付"和"债务超过"。其中，"不能清偿"是债务人破产的实质原因，"停止支付"和"债务超过"则是辅助原因。

第二节 破产申请的受理

一、破产案件的管辖

我国《破产法》第 3 条规定："破产案件由债务人住所地人民法院管辖。"按照《中华人民共和国民法通则》（以下简称《民法通则》）的规定，法人以它的主要办事机构所在地为住所地。企业法人的住所，应按经企业登记机关核准登记的住所地确定。

23

二、破产案件申请的驳回

破产案件申请有下列情形之一的，人民法院不予受理或驳回：

（1）不符合破产条件。如债务人无破产能力；不存在破产原因或存在破产障碍；对债权人的债权异议成立；请求人无破产请求权；法院无管辖权。

（2）破产逃债。如债务人有隐匿、转移财产等行为或在法院受理债务人的破产申请后，发现债务人巨额财产下落不明且不能合理解释财产去向的。

（3）债权人借破产申请毁损债务人商业信誉，意图损害公平竞争的。

对被驳回的破产申请，申请人可在裁定送达之日起 10 日内向上一级人民法院上诉。

三、破产案件受理的时间

破产案件受理是破产程序开始的标志，时间为受理通知书做出的时间，不以送达时间为准。按照《破产法》第 10 条第 1 款的规定，债权人提出破产申请的，人民法院应当自收到申请之日起 5 日内通知债务人。债务人对申请有异议的，应当自收到人民法院的通知之日起 7 日内向人民法院提出。人民法院应当自异议期满之日起 10 日内裁定是否受理。

四、破产案件受理的法律效力

（一）对债务人的效力

（1）债务人处分财产权的限制。破产案件受理后，债务人处分和管理财产的权利应当受到限制。因为债务人与债权人之间的利益冲突表明债务人具有现实的损害债权人利益的动机。我国《破产法（试行）》中没有规定在破产申请受理后到破产宣告之间债务人处分与管理财产的权利，仅规定债务人向破产宣告后成立的破产清算组移交财产，在制度上存在债权人利益保护的缺漏，是立法缺陷。《破产法》规定，法院在破产申请受理的同时指定管理人，该规定弥补了《破产法（试行）》的缺陷。

（2）个别清偿行为的限制。破产程序开始的目的是公平地清理债权债务关系，或者在破产清算程序中合理分配破产财产。债务人对个别债权人的个别清偿行为与破产程序公平清偿、集中清偿的基本价值相违背。个别清偿行为实际上就是对个别债权人的优先清偿。当然，个人清偿行为的限制不是对个别清偿行为的绝对禁止。为保证破产受理之后债务人营业的继续维持，债务人仍然有可能与其他人发生往来而实施清偿行为。为了保证这种交易不影响债权人的利益与破产程序的进行，在程序上应当规定这种个别清偿行为在管理人接管以前需经过法院同意，在管理人接管以后当然由管理人决定；在实体上应当规定以继续进行生产经营为前提，以债务人与债权人负对等义务为条件。

（3）债务人的人身限制。破产程序开始后，债务人的身份地位受到一定的限制。在一般破产主义立法体例中，自然人债务人被申请破产后，其人身自由受到限制。其限制的范围包括迁徙限制，通信自由的限制，接受法院的传讯与庭审，通过列席债权人会议以及其他方式接受债权人、破产管理人、破产监督人的询问等。在上述措施不足以维护破产程序的有效进行时，法院可以羁押债务人。在法人破产的场合，债务人人身自由的限制主要体现在法人机关的组成人员或者其他经营管理人员的身上。

我国《破产法》将对债务人法定代表人的人身限制作为对法定代表人的一项义务要求进行了规定。按照规定，自人民法院受理破产申请的裁定送达债务人之日起至破产案件终结之日止，债务人企业法人的法定代表人承担下列义务：妥善保管其占用和管理的财产、印章和账簿、文书等资料；根据人民、管理人的要求进行工作，并如实回答询问；列席债权人会议并如实回答债权人的询问；未经人民法院许可，不得离开住所地；不得新任其他企业的董事、监事、高级管理人员。经人民法院决定，承担上述义务的人员可以扩大到企业的财务管理人员和其他经营管理人员。

（二）对债权人的效力

（1）债权到期。破产程序是为全体债权人利益设计的概括执行程序，具有加速债权到期的效力。破产程序开始后，无论债权是否到期，均有权申报债权。债权加速到期制度与一般的民事执行程序明显有差异，关键在于破产程序是最终债权实现的机会。当然，对于未到期的债权计算其债权额时，应当扣除未到期部分的利息或者其他利益。

（2）破产债权的财产担保权行使的限制。对债务人的财产享有抵押权、质权、留置权等担保物权的债权人，享有先于普通债权人的债权在担保物变卖或者处理得到的价款中优先受偿的权利。但是，破产申请受理后，应当发生破产财产保全的效力。有财产担保的债权人也应当申报债权。未经同意，不得行使优先权。

（3）债权申报。债权申报，是债权人向法院正式提出参加破产程序的申请，表明其参加破产程序获得债权实现的意思表示。债权申报后的债权人成为破产债权人，在破产程序中享有各种破产债权人的权利。《破产法》规定，债权人在破产程序终结以前均可以申报债权，但是对于已经分配的破产财产不能主张权利。

（三）对第三人的效力

破产案件受理后，债务人财产处分的权利的限制包括债权受领。为此，《破产法》规定了债务人之债务人的义务，要求债务人的债务人向管理人履行债务。《破产法》第 17 条规定："人民法院受理破产申请后，债务人的债务人或者财产持有人应当向管理人清偿债务或者交付财产。债务人的债务人或者财产持有人故意违反前款规定向债务人清偿债务或者交付财产，使债权人受到损失的，不免除其清偿债务或者交付财产的义务。"

第三章 破产法上的机构

第一节 破产管理人

一、破产管理人的概念

破产管理人是大陆法系的称谓，日本则称"破产管财人"，英美法系一般称"破产信托人"。我国《破产法（试行）》使用了"清算组"这一独创的概念。《破产法》中称为"管理人"，并在第三章中对此作了专门的规定。这些不同的称谓从某种意义上表征着立法者对其法律地位的不同考虑。

破产管理人，即《破产法》所谓的管理人，是指依照《破产法》的规定，在破产重整、破产和解和破产清算程序中负责债务人财产管理和其他事项的机构或个人。破产程序开始后，破产事务的管理和破产财产的清算工作繁杂沉重，加之大量的法律事务和非法律事务掺杂其间，因而远非法院的人力物力所能胜任，故有必要成立专门的清算或管理机构。

破产管理人是破产程序中最重要的一个机构，破产程序能否在公正、公平和高效的基础上顺利进行和顺利终结，与其关系最为重大。在 20 世纪八九十年代，无论中国还是西方国家的商事公司的数目都有一个突破性的增长，但近年来公司的倒闭和重组却呈现上升的趋势，因而对破产从业人员的需求也呈现上升趋势。

二、破产管理人的选任方式

（1）各国关于破产管理人的选任方式。有的国家规定由法院选任，如日本、法国等；有的国家规定由债权人会议选任，如英国、美国等；也有的国家规定以债权人会议选任为主，以法院等机构选任为辅，或是主辅相反的，如德国。破产管理人选任方式往往与一国立法对管理人及债权人会议的法律地位的规定有关。从破产法的发展历史来看，各国破产法在管理人的选任主体上，普遍寻求一种融法院指定和债权人选任于一体的方法，绝对由法院指定或绝对由债权人选任都不是现代破产法的发展趋向。

（2）我国关于破产管理人的选任方式。在我国，人民法院裁定受理破产申请时，应同时指定破产管理人。破产管理人由人民法院根据债务人的实际情况，指定有关部门、机构中具备相关专业知识并取得执业资格的人员组成的清算组或者依法设立的律师事务所、会计师事务所、破产清算事务所等社会中介机构担任。债权人认为管理人不能依法、公正执行职务或者有其他不能胜任职务情形的，可以申请人民法院予以更换。

三、破产管理人的任职资格和职责

（一）破产管理人的任职资格

我国《破产法》第 24 条规定，人民法院裁定受理破产申请时，应同时指定管理人。管理人由人民法院根据债务人的实际情况，指定有关部门、机构中具备相关专业知识并取得执业资格的人员组成的清算组或者依法设立的律师事务所、会计师事务所、破产清算事务所等社会中介机构担任。

债权人认为管理人不能依法、公正执行职务或者有其他不能胜任职务情形的，可以申请人民法院予以更换。同时，《破产法》还规定了管理人的消极资格，即有下列情形之一的，不得担任管理人：①因故意犯罪受过刑事处罚；②曾被吊销相关专业执业证书；③与本案有利害关系；④人民法院认为不宜担任管理人的其他情形。

管理人聘用必要的工作人员和辞去职务应当经人民法院许可。

（二）破产管理人的职责

破产管理人的职责包括管理人执行职务，向人民法院报告工作，列席债权人会议，向债权人会议报告职务执行情况，回答询问；接受债权人会议和债权人委员会的监督，并具体履行下列职责：

（1）接管债务人的财产、印章和账簿、文书等资料；

（2）调查债务人财产状况，制作财产状况报告；

（3）决定债务人的内部管理事务；

（4）决定债务人的日常开支和其他必要开支；

（5）在第一次债权人会议召开之前，决定继续或者停止债务人的营业；

（6）管理和处分债务人的财产；

（7）代表债务人参加诉讼、仲裁或者其他法律程序；

（8）提议召开债权人会议；

（9）人民法院认为管理人应当履行的其他职责。

四、管理人的报酬

由于破产事务的处理耗时费力，责任重大，加之破产管理人有负担财产责任的风险，因而，国外立法大多规定了破产管理人享有取得报酬的权利。报酬的数额，德国、日本及我国台湾地区都规定由法院决定，法院核定时，应斟酌破产案件的繁易程度、破产财产的规模、破产分配的比率、破产管理人耗费之时间精力及其努力程度、同业标准等因素。

关于报酬的数额或报酬所占破产财产的比例应当科学合理。如果报酬过高将导致破产财产的减少，使债权人的利益受到较大的损失，甚至使其感到得不偿失，致使以后不再参加破产程序；如果报酬过低则无法调动破产管理人的积极性，甚至会导致破产程序无法进行下去。因此，科学地设计报酬数额或报酬比例，兼顾破产管理人和破产债权人的利益是决定破产程序顺利进行的关键所在。美国联邦破产法为了防止托管人收取过高的费用，对托管人的收费设定了一个最高与最低的限额，即收费不得超过破产财产总额的 3‰～15%，同时还规定破产财产越多，报酬比例越低。美国这种兼顾破产管理人和破产债权人利益的立法政策，值得我国借鉴。

　　我国《破产法》确认了管理人可以通过管理破产财产合法地获得报酬。这个制度的确立意旨在于激励管理人，使之在承担巨大责任和风险的同时，获得相应的酬劳。《破产法》第28条第2款规定，管理人的报酬由人民法院确定。债权人会议对管理人的报酬有异议的，有权向人民法院提出。《破产法》第41条第3项规定，管理人执行职务的报酬不包括执行职务的费用和聘请工作人员的费用。但清算组作为管理人的，不收取报酬。

　　我国《最高人民法院关于审理企业破产案件确定管理人报酬的规定》严格地规定了确立报酬的公开、公平、公正原则，确定报酬的方法，确定报酬的参考因素，确定报酬的计算范围等，还详细地规定了按标的额计算管理人报酬的标准。

第二节　债权人会议

一、债权人会议概述

（一）债权人会议的概念

　　债权人会议，是在破产程序进行中，为便于全体债权人参与破产程序以实现其破产程序参与权，维护全体债权人的共同利益而由全体登记在册的债权人组成的表达债权人意志和统一债权人行动的议事机构。

　　从各国破产立法来看，关于债权人会议制度的规定主要有以下几种情况：第一，不认可由全体债权人组成的债权人会议，仅设立由部分债权人组成的债权人委员会。意大利采此体例。第二，既规定债权人会议作为全体债权人的议事机构，又设立类似债权人委员会的常设机构，代表全体债权人行使对破产程序的参与权和监督权。德、日、英、美等国均采此体例。第三，不设立由债权人组成的任何机构，而是从律师、会计师、审计师等社会中介组织中选定所谓的债权人代表，由其代表债权人参与破产程序。如法国商法典第621-8条规定，法院可依职权指定数名债权人代表，该法采用的是债权人代表制。①

　　债权人会议对于破产程序的顺利进行有着极为重要的意义，是落实债权人自治这一基本制度的重要机构。债权人会议的设立原因为：② 其一是统一债权人意志和行动，保证破产程序有序化的需要。一般而言，破产程序中的债权人人数众多，各债权人之间的意志和利益存在此消彼长的差异甚至冲突，为使破产程序顺利进行，需要将全体债权人的意志、利益和外在要求用某种方式统一起来，并最终体现到破产程序的程序设计和程序进行中去。其二是公平保护全体债权人利益的需要。破产案件的处理事关债权人的切身利益，其债权最终受偿比例的高低决定债权人利益的保护程度，因而，理应给予债权人参与破产程序的机会。但是，若允许债权人对此个别为之，又必然妨碍破产程序的顺利进行，且会增加破产程序的成本，故为全体债权人的利益考虑，需将众多分散的债权人的各自利益形成一种"利益集合"，并为保证这一利益集合的实现而将各自的行为协调起来，通过债权人会议这种有组织的自助形式来实现其共同利益。其三是实现破产案件处理程序的经济性目标的需要。破产程序从某种意义上讲，是在债务人破产的偶然原因下形成的共同诉讼的一种特殊形式。由于破产程序的进行涉及众多利害关系人的利益，程序设计中出现的少许失误都可能延误程序的进行，从而增加债权人的负担。基于程序经济效益的考虑，"债权人不能单独地行使权利，决定诉讼活动，所以需要设立一个临时性机构，就破产事项协调意见，并决定采取何种诉讼行为"，③ 既为全体债权人提供了参与破产程序的机会，又不至于妨碍破产程序的顺利进行。

---

　　① 李飞主编：《当代外国破产法》，中国法制出版社 2006 年版，第360~361 页。

　　② 王欣新：《破产法》（第 3 版），中国人民大学出版社 2011 年版，第67~68 页。

　　③ 王欣新、薛庆予主编：《律师新业务》，中国人民大学出版社 1990 年版，第 35 页。

（二）债权人会议的法律地位

债权人会议的法律地位是一个复杂的问题，在破产法理论界主要存在以下几种学说：

（1）债权人团体的机关说。这是日本学界过去的传统学说。该说基于破产债权人对破产程序进行中的诸多事项具有共同利益，如破产财产的增加、破产费用和财团债务的减少、破产财产的拍卖能否获得善价等，主张全体债权人构成破产债权人团体，债权人会议则是该团体的机关。① 有的学者还主张，债权人团体是一个法人，债权人会议是该法人的机关。②

（2）事实上的集合体说。这是日本学界当前的通说。该说主张债权人会议是由法院召集的临时性集合组织。该说认为债权人之间的利益存在不相一致的地方，另外，法律也未规定债权人会议的法人主体性。③

（3）自治团体说。这是我国部分学者的主张。依照该说，债权人会议并非法人组织，而是非法人性质的特殊社团组织，是表达债权人共同意志的一种自治性团体。④

以上几种学说均从不同的侧面对债权人会议的性质作了一定论述，具有一定的合理性，但是又都存在自身难以克服的缺陷。对于债权人会议的法律地位，目前可以说仍是一个众说纷纭的话题。

结合我国《破产法》对于债权人会议职权的规定来看，我们倾向于自治团体说。债权人自治是《破产法》的一项重要原则。依据这一原则，有关债权人权利行使和权利处分的一切事项，均应

---

① 梁慧星主编：《民商法论丛》（第 2 卷），法律出版社 1994 年版，第 162～163 页。转引自赵旭东主编：《商法学》（第 2 版），人民法院出版社 2011 年版，第 548 页。

② 转引自王欣新：《破产法》（第 3 版），中国人民大学出版社 2011 年版，第 69 页。

③ ［日］伊藤森著，刘荣军等译：《日本破产法》，中国社会科学出版社 1995 年版，第 75 页。转引自赵旭东主编：《商法学》（第 2 版），人民法院出版社 2011 年版，第 548 页。

④ 陈计男：《破产法论》，中国台湾三民书局 1992 年版，第 146 页。

由债权人会议独立地作出决议。债权人在债权人会议上应享有充分的自由表达和自主表决的权利。债权人会议作出的关于债权确认、重整、和解、破产财产变价和分配等重大事项的决议，是破产程序进行的重要根据。债权人会议还应享有监督破产财产管理和处分的权利。因此，人民法院在破产程序中，应当在充分尊重债权人会议自治权利的前提下，依法维护债权人会议的程序公正，而不是充当债权人会议的领导者或指挥者，从而将自己置于介入利益纷争或者与债权人相对立的地位。[①]

（三）债权人会议的组成

根据我国《破产法》第59条的规定，债权人会议由以下人员组成：

1. 出席债权人会议成员

债权人依法申报债权后，成为债权人会议的成员。凡是债权人会议的成员，都享有出席债权人会议、对债权人会议讨论的议题发表意见、表决（除依法不能行使表决权者以外）以及请求召开债权人会议等权利。债权人出席债权人会议，可以本人亲自出席，也可以委托代理人出席。代理人出席债权人会议的，应当向人民法院或者债权人会议主席提交债权人的授权委托书。

债权人会议成员分为有表决权的债权人和无表决权的债权人两种。

有表决权的债权人，是指对债权人会议的决议事项有权投票表示赞成或反对的债权人。主要包括以下几种：其一，依法申报债权的无财产担保的债权人；其二，放弃优先受偿权利的有财产担保的债权人；其三，虽享有财产担保但未能就担保物足额受偿的债权人；其四，已代替债务人清偿债务的保证人或者其他连带债务人。上述债权人在行使表决权时，其债权额必须确定，债权额不确定或者有异议的，由人民法院裁定后行使表决权。

无表决权的债权人，是指有权出席债权人会议和发表意见，但无权对债权人会议的某些决议事项投票表示赞成或反对的债权人。

[①]　王卫国：《破产法》，人民法院出版社1999年版，第81页。

主要包括以下几种：其一，未放弃优先受偿权利的有财产担保的债权人；其二，债权尚未确定的债权人；其三，尚未代替债务人向他人清偿债务的保证人或者其他连带债务人。《破产法》第59条规定，对债务人的特定财产享有担保权的债权人，未放弃优先受偿权利的，对于通过和解协议和通过破产财产分配方案的事项不享有表决权。

2. 债权人会议主席

根据《破产法》第60条之规定，债权人会议设主席一人，由人民法院从有表决权的债权人中指定。债权人会议主席的职权如下：

（1）主持债权人会议。根据《破产法》的规定，由人民法院召集第一次债权人会议，指定并宣布债权人会议主席，债权人会议主席被指定后，债权人会议由债权人会议主席主持。其主持会议的具体职责为：宣布会议开始，说明会议议题和注意事项；领导会议进程，维护会议秩序，例如安排发言顺序、限定发言时间、宣布表决结果、决定会议休会等；就会议议题的有关事项询问出席会议的债权人和债务人；宣布会议闭会，并于事后向人民法院报告会议情况。

（2）召集债权人会议。《破产法》第62条、第63条规定，第一次债权人会议由人民法院召集，自债权申报期限届满之日起15日内召开。以后的债权人会议，在人民法院认为必要时，或者管理人、债权人委员会、占债权总额1/4以上的债权人向债权人会议主席提议时召开。召开债权人会议，管理人应当提前15日通知已知的债权人。

债权人会议主席行使职权，不得委托他人代理。如果本人不能主持会议，可以由人民法院临时指定会议主席，必要时也可以由人民法院另行指定债权人会议主席。

3. 债权人会议的列席人员

债权人会议的列席人员是指出席债权人会议但不属于会议成员，且对债权人会议的决议事项不享有表决权，仅为协助会议的召开而参加的会议人员。依据《破产法》第15条之规定，债务人的法定代表人以及经人民法院指定的企业财务管理人员和其他经营管理人员必须列席债权人会议，并有义务回答债权人的询问，如有拒绝列席的，人民法院可以依照《民事诉讼法》第 109 条的规定实施拘传。《破产法》第 23 条第 2 款规定了管理人应当列席债权人会议，接受债权人会议的询问。《破产法》第 59 条第 5 款规定了债权人会议应当有债务人的职工和工会的代表参加，对有关事项发表意见。

二、债权人会议的召集及其职权

(一) 债权人会议的召集

债权人会议的召开，以保障债权人共同利益的实现以及债权人破产程序参与权的行使为目的，以方便破产程序的公正、顺利进行为必要。基于此，我国《破产法》第 62 条规定，债权人会议的召集权归属于人民法院和会议主席，召集的依据，或基于法律规定，或基于法院职权，抑或基于管理人、债权人委员会或一定比例的债权人的要求。从《破产法》第 62 条的规定来看，债权人会议的召开，分两种情况：一是第一次债权人会议，根据法律规定必须召开；二是在必要时召开的债权人会议。

1. 第一次债权人会议

第一次债权人会议，又称为法定债权人会议，是破产程序开始后在法定期间内必须召开的债权人会议。第一次债权人会议在破产程序中占有十分重要的地位，许多事项均在第一次债权人会议上决定。我国《破产法》第 62 条规定："第一次债权人会议由人民法院召集，自债权申报期限届满之日起十五日内召开。"至于债权人申报债权的期限，我国《破产法》第 45 条规定："人民法院受理破产申请后，应当确定债权人申报债权的期限。债权申报期限自人民法院发布受理破产申请公告之日起计算，最短不得少于三十日，最长不得超过三个月。"从以上规定可以看出，在我国，第一次债权人会议的召开日期，最早在受理破产申请公告之日起的 45 天，最晚为受理破产申请公告之日起的 3 个半月。在司法实践中，人民法院往往在通知债权人申报债权的同时确定第一次债权人会议的召开时间、地点。一般一旦确定，将不再变化。

依照《最高人民法院关于审理企业破产案件若干问题的规定》第42条，人民法院召集第一次债权人会议时，应当宣布债权人资格审查结果，宣布债权人会议的职权及其他有关事项，并通报债务人的生产经营、财产、债务的基本情况等。据此，法院应当在第一次债权人会议召开前，完成债权人资格的审查工作，因为这时债权申报的期限已经届满，具备了完成工作的条件。此外，因在第一次债权人会议上须通报债务人的基本情况，法院也须在此之前完成对债务人经营和财务等情况的调查和审查工作。

第一次债权人会议是法定程序，除非债务人财产不足以支付破产费用、破产程序依法提前终结外，不得以一般债权的清偿率为零为由取消第一次债权人会议。

2. 必要的债权人会议

除第一次债权人会议应当由人民法院在法定期间内召集外，其他的债权人会议在破产程序进行中有必要时召开。《破产法》第62条第2款规定："以后的债权人会议，在人民法院认为必要时，或者管理人、债权人委员会、占债权总额四分之一以上的债权人向债权人会议主席提议时召开。"必要的债权人会议由债权人会议主席召集并主持，对于人民法院、管理人、债权人委员会或者符合法定条件的债权人提出的召集要求，债权人会议主席不得无故拒绝。

必要的债权人会议的决议事项，应根据人民法院或者债权人会议主席认可的必要理由，或者根据管理人或债权人要求的内容，予以具体确定。实践中，必要的债权人会议通常以破产财产的变价和分配或者与此相关的问题为决议事项。

依《破产法》第63条之规定，召开债权人会议，由管理人提前15日通知已知的债权人。

（二）债权人会议的职权

根据我国《破产法》第61条规定，债权人会议有如下职权：

1. 核查债权

我国《破产法》第57条、第58条则规定，管理人对债权申报的真实性、有效性进行审查，然后提交第一次债权人会议核查，对其他债权人的债权提出异议的，交由人民法院裁定；管理人、债务人、债权人会议对登记的债权无异议的，由人民法院裁定确认。可见，这里的核查债权是指，在债权人会议上让每个债权人对已经申报的债权进行核认，并可以提出异议。

2. 申请人民法院更换管理人，审查管理人的费用和报酬

依照《破产法》第 22 条的规定，债权人会议认为管理人不能依法、公正执行职务或者有其他不能胜任职务情形的，可以申请人民法院予以更换，另行指定。因此，申请人民法院更换管理人属于债权人会议职权的应有之义。依照《破产法》第 41 条之规定，管理人的费用和报酬属于破产费用，应随时支付，法律授予此项审查权是维护债权人合法利益之需要。

3. 监督管理人

依照《破产法》第 23 条之规定，管理人依法执行职务，向人民法院报告工作，并接受债权人会议和债权人委员会的监督。可见，债权人会议对管理人有监督权。

4. 选任和更换债权人委员会成员

债权人会议虽然是破产程序中的重要机构，但如果直接由其对破产程序进行监督将难以操作而且成本很大。为此，《破产法》借鉴德国破产法中债权人委员会制度，德国将债权人委员会作为一个常设机构，在债权人会议闭会期间，代表全体债权人的利益对破产程序进行监督。债权人委员会和债权人会议之间的关系就如同人民代表大会常务委员会和人民代表大会之间的关系一样。根据《破产法》第 67 条之规定，债权人委员会由债权人会议选任的债权人代表和一名破产企业的职工代表或工会代表组成。债权人委员会的成员应当经人民法院书面决定认可。债权人委员会成员人数不得超过 9 人。

5. 决定继续或者停止债务人的营业

进入破产程序后，债务人是继续营业还是停止营业有可能直接影响债权人债权受偿的比例，对债权人利益的影响往往较大。因为债权人会议是代表全体债权人利益的机关，对债权人利益产生重大影响的事宜当然应当由债权人会议决定。

6. 通过重整计划、和解协议

重整、和解通常是在债权人作出让步的基础上达成的，涉及债权人的切身利益，故应由债权人会议对和解协议进行讨论，并作出是否予以接受的决议。讨论和解协议的目的，是要让各债权人充分发表意见，以维护绝大多数债权人的利益。

7. 通过债务人财产的管理、变价、分配方案

破产财产的管理、变价和分配方案，直接关系到债权人清偿利益的实现，故应赋予债权人以充分的自主表达和自主决定的权利。所以，《破产法》第 111 条和第 115 条分别规定破产财产的变价和分配方案应当提交债权人会议讨论决定。但在实践中，如果债权人会议对方案的分歧较大，长时间无法通过，则势必拖延时间，增加费用，损害债权人的利益。为解决这个问题，《破产法》第 65 条第 1 款规定，破产财产的管理、变价方案经债权人会议表决未通过的，由人民法院裁定；该条第 2 款又规定，破产财产的分配方案经债权人会议二次表决仍未通过的，由人民法院裁定。该法第 66 条同时规定，债权人对人民法院依《破产法》第 65 条第 1 款作出的关于破产财产的管理、变价的裁定不服的，债权额占无财产担保债权总额 1/2 以上的债权人对人民法院针对破产财产分配方案作出的裁定不服的，可以自裁定宣布之日或者收到通知之日起 15 日内向该人民法院申请复议。复议期间不停止裁定的执行。如此规定有利于平衡破产案件的效率与公平。

8. 人民法院认为应当由债权人会议行使的其他职权

《破产法》除了采用列举的方式规定了债权人会议的职权外，还创设了一个兜底条款，即"人民法院认为应当由债权人会议行使的其他职权"，弹性地赋予了债权人更为广阔的职权。人民法院可以根据案件的实际情况来决定《破产法》第 61 条明确列举之外的某些权利是否可以由债权人会议行使。

三、债权人会议的议决规则及决议的效力

（一）议决规则

关于债权人会议的议决规则，立法例上有三种。其一，债权人

会议的决议，以同意的债权人所代表的债权额的多数或者绝对多数议决。如德国破产法第 94 条即规定："债权人会议以绝对多数票作决议。选举债权人委员会成员相对多数票视为足够。""投票票数以债权款额计算，票数相等时按债权人人数决定。"① 其二，以人数和债权额双重多数为标准，如英国破产法要求以人数的多数和债权额的 3/4 以上为债权人会议决议成立的条件，但主要适用于通过和解等特殊事项。日本破产法规定，债权人会议通过决议，须出席会议的有表决权的债权人过半数，以出席会议的债权人所代表的债权额的过半数通过方为可决；但作为例外，在债权额已过半数而人数未过半数，无法形成决议时，法院可裁定认可决议案的成立。② 其三，债权人会议的决议以出席会议的债权人人数的多数同意为已足，如法国 1985 年以前的立法。

我国立法采取的是双重标准，《破产法》第 64 条规定："债权人会议的决议，由出席会议的有表决权的债权人过半数通过，并且其所代表的债权额占无财产担保债权总额的二分之一以上。"双重标准的采纳，既考虑到了多数债权人的利益，同时也照顾到了大额债权人的利益，体现了破产程序的公平性。

除了《破产法》第 64 条规定的一般事项的决议规则之外，《破产法》还规定了一些特殊事项的决议规则。对于一些特殊事项的决议，《破产法》规定了更为严格的程序。特殊决议主要是指关于和解协议或者重整计划的决议。《破产法》第 97 条规定，通过和解协议的决议，必须由出席会议的有表决权的债权人过半数通过，并且其所代表的债权额必须占无财产担保债权总额的 2/3 以上。另外，根据《破产法》第 82 条、第 84 条、第 86 条的规定，对于重整计划需要按照债权类型分组表决，出席会议的同一表决组的债权人过半数同意，并且其所代表的债权额占该组债权总额 2/3

---

① 转引自李国光主编：《新企业破产法教程》，人民法院出版社 2006 年版，第 255 页。

② ［日］伊藤真著，刘荣军等译：《破产法》，中国社会科学出版社 1995 年版，第 78 页。

以上的，为该组通过重整计划草案。各表决组均通过重整计划草案时，重整计划即为通过。

债权人会议决议的表决以出席会议有表决权的债权人计算票数，以其代表的债权额计算表决的债权额。行使表决权的债权人所代表的债权额，按债权人会议确定的债权额计算。"半数以上"、"三分之二以上"均包括本数，"过半数"不包括本数。

（二）决议的效力

债权人会议的决议是债权人团体为共同意思表示的结果，一旦决议经法定程序获得通过，即对全体债权人具有约束力。依据《破产法》第64条第3款之规定，债权人会议的任何一项决议，一旦为会议所通过，对所有债权人不论其出席会议与否，参加表决与否，表决赞成与否，均具有约束力。

德国、日本破产立法规定，即使债权人会议以合法的人数和债权额的成立要件通过了决议，倘违反债权人的共同利益时（如不能给破产财团带来利益的继续营业、不当的低价变卖财产等），法院仍有禁止债权人会议决议执行的权力。德国破产法第99条规定："应破产管理人或被否决的债权人在债权人会议上提出的申请，对债权人会议上所作的违背债权人共同利益的决议，法院必须禁止其执行。"日本破产法第184条第1款规定："债权人会议的决议违反破产债权人的一般利益时，法院可以根据破产管理人、监察委员或破产债权人的申请或者依职权，禁止该决议的执行。"我国台湾地区也有相似的规定。① 从法理上讲，无论债权人会议的决议违反法律规定，还是违反债权人的共同利益，或是违反少数利害关系人的合法权益而未给予合理救济的，法院都应当依职权或者依据有关利害关系人的申请，裁定禁止决议执行。但实务中何种决议属于违反债权人的共同利益，或少数债权人的合法利益，尚难以通过立法确定其具体标准，故而，只能交由法院以自由裁量权定之。

破产程序的基本目标在于公平地保护全体债权人的一般利益，

---

① 转引自《〈中华人民共和国企业破产法〉释义》编写组编著：《企业破产法律理论与实务》，南海出版公司2006年版，第165页。

故当债权人会议的决议违背该目的时，法院应当禁止此类决议的执行。《破产法》第 64 条第 2 款规定："债权人认为债权人会议的决议违反法律规定，损害其利益的，可以自债权人会议作出决议之日起十五日内，请求人民法院裁定撤销该决议，责令债权人会议依法重新作出决议。"债权人会议的决议违反法律，包括决议的内容、表决程序、会议的召开程序违法，或者决议超出了债权人会议的职权范围，以及决议有其他违反法律之处。人民法院在查实债权人会议的决议违反法律时，必须撤销该决议，责令依法重新作出决议。

对于债权人提出的异议，人民法院应采用书面或开庭的方式，对异议进行审查。异议成立的，应裁定撤销该项债权人会议决议；异议不成立的，则裁定驳回异议申请。

第三节 债权人委员会

一、债权人委员会的法律地位

债权人委员会是债权人会议的代表机关，在破产程序中代表债权人的共同利益监督破产程序的进行。大部分国家或地区的破产法均有这一机构的设置，但称谓却不尽相同。例如，日本破产法称之为"监察委员"；德国破产法称之为"债权人委员会"；我国台湾地区称之为"监查人"。

债权人委员会是债权人会议的代表机关，由债权人会议选任，向债权人会议负责。当其决议与债权人会议的决议不一致时，应当服从债权人会议的决议，故债权人委员会仅仅是附属于债权人会议的代表机构。

二、设置债权人委员会的必要性

虽然破产法上以设立债权人会议这一机构来维护债权人的利益，但债权人会议行使权利和监督破产程序只能在会议召开时进行，在会议闭会期间无法行使权利和监督破产程序，故债权人会议有必要选任其信任的债权人或者其他人员代表债权人会议对破产程序进行的各阶段予以日常监督。因此，债权人委员会制度的设置对债权人团体利益的维护有重要意义。此外，设置债权人委员会也符合诉讼经济原则。债权人会议的召开既不经济又不利于破产程序的迅速进行，而由债权人会议选任代表专门行使债权人会议的监督职权，就可以有效地避免频繁召开债权人会议或者长时间召开债权人会议，既节省了费用，又有利于债权人的公平受偿。债权人委员会制度的设立，已有数百年的历史，这充分说明了债权人委员会制度的有效性，因而我国《破产法》也采用了这一制度。

三、债权人委员会的设置和选任

债权人委员会虽是代表债权人会议对破产程序进行监督的机构，但其是否为破产程序中的必设机构，各国或地区的立法有不同规定。大致有三种做法：一是必设主义。例如，我国台湾地区"破产法"第120条第1项规定："债权人会议得决议选任监查人一人或者数人，代表债权人监督破产程序的进行。"[1] 对于该条规定，我国台湾地区学者认为，债权人会议无权决定免设监查人，故应理解为其是必设机构。二是选择主义。日本破产法即采此原则。依其《破产法》第170条的规定，是否设置监察委员，应于第一次债权人会议上决议。但是，以后的债权人会议可以变更其决议。[2] 三是法院任命主义。德国破产法第67条、第68条规定，破产法院在第一次债权人会议之前可任命组成债权人委员会，但债权人会议仍有权决定应否组成债权人委员会，并且有权决定破产法院已任命组成的债权人委员会是否保留。[3] 我国《破产法》采取了选择主义。关于债权人委员会成员的任职资格，各国立法也有不同规定。主要的区别集中在债权人委员会成员是否必须是债权人这个

---

[1] 陈宗荣：《破产法》，中国台湾三民书局1986年版，第179页。

[2] 王书江、殷建平译：《日本商法典》，中国法制出版社2000年版，第323页。

[3] 刘汉富译：《德国破产法》，《商事法论集》（第5卷），法律出版社2000年版，第555页。

问题上。本书认为，债权人委员会成员的选任不应仅仅局限在债权人的范围内，除债务人或者破产管理人外，任何有能力胜任这一职位的人均可被选任为债权人委员会成员。一个与破产程序没有任何利害关系的债权人委员会的人更能保证破产程序的公正进行。我国《破产法》则规定债权人委员会由债权人会议选任的债权人代表和一名债务人的职工代表或者工会代表组成。

对于债权人委员会的人数，也应由债权人会议决定，一人或数人均无不可，主要视破产案件的具体情况而定，但不得超过9人。债权人会议选任的成员应经法院书面认可。

四、债权人委员会的职权

债权人委员会在破产程序中进行日常监督，主要有以下几个方面的职权：

（1）有权随时调查破产财产的状况，并有权要求管理人向其报告破产财产的状况。为进行调查活动，债权人委员会可以查阅有关财产的所有账簿和文件，并就相关情况询问债务人及其他义务人。

（2）有权出席债权人会议，并有权请求召开债权人会议。

（3）监督管理人对破产财产的处分行为。这是债权人委员会的主要职责。

（4）有权监督和解协议的执行和重整计划的执行。

（5）有权申请法院禁止管理人的不当决定和债权人会议的违法决议的执行。

（6）债权人会议委托的其他职权。

债权人委员会应当以善良管理人的注意为全体债权人的利益执行职务。债权人委员会因为故意或者过失造成债务人或者债权人损失的，应当承担赔偿责任。债权人委员会执行职务所需的费用和报酬，列入破产费用，从破产财产中优先拨付。

第四章 债务人财产

第一节 债务人财产概述

一、债务人财产的概念和特征

债务人财产是整个破产程序的物质基础，可以说，债务人财产是贯穿整个破产程序始终的。弄清债务人财产的概念，合理界定债务人财产的范围对于破产程序的顺利进行、对于债权人利益的保护至关重要。

对于债务人财产的概念早在1986年的《破产法（试行）》中已经出现，但是，相关法律和司法解释对债务人财产和破产财产没有作很明确的区分，有的甚至干脆将"债务人财产"等同于"破产财产"。理论界也有不少学者认为，"债务人财产"和"破产财产"没有什么区别。① 也有人认为，"债务人财产"和"破产财产"没有本质区别，只是两者所处的时间不同。② 本书认为，"债务人财产"不等同于"破产财产"，因为，进入破产程序，并不一定会宣告债务人破产，在债务人没有被破产宣告之前也将其财产称之为"破产财产"显然是不合适的。现行《破产法》对"债务人财产"和"破产财产"这一概念进行了区分，在破产宣告之前称之为

---

① 李国光主编：《新企业破产法教程》，人民法院出版社2006年版，第144页。

② 汤维建主编：《新企业破产法解读与适用》，中国法制出版社2006年版，第117页。

"债务人财产"，在破产宣告之后称之为"破产财产"。

根据《破产法》第 30 条之规定，所谓债务人财产是指，破产申请受理时属于债务人的全部财产，以及破产申请受理后至破产程序终结前债务人取得的财产。

债务人财产具有如下的法律特征：

（1）特定的时间性。债务人财产不是指任何时间段内债务人所有的财产，而是指在破产申请受理时到破产程序终结之前这一特定时间内债务人企业所有和所取得的财产。

（2）鲜明的目的性。债务人财产的目的就是依照破产程序向全体债权人公平地清偿债务。

（3）相对的独立性。债务人财产本来是属于债务人所管理和支配的财产，但是一旦进入破产程序，该财产虽然归债务人所有，但是，债务人此时不能对该财产进行管理和支配，该财产此时便有了相对的独立性。债权人和管理人均只能按照法律规定的程序和权限在一定范围内处分该财产。

二、债务人财产的性质

目前，我国《破产法》中对破产宣告后破产财产的法律地位问题没有明文规定。从法学理论上讲，在破产财产的性质上，大陆法系国家的破产法理论主要有两派观点。其一是"权利客体说"，即破产财产本质上只是权利的客体的理论。这种理论认为债务人被宣告破产后，虽丧失对破产财产的管理与处分权，但破产财产的所有权仍属于破产人，破产财产仍只是破产人权利的客体。其二是"权利主体说"，即破产财产自身即构成权利主体的理论。这一理论的基础是财团法人制度，主张破产财产本身即构成权利主体，可享有权利，其作为主体属于财团法人的性质，具有民事主体的资格。

本书认为，"权利主体说"和"权利客体说"的关键区别在于将债务人财产置于何种地位。"权利主体说"认为是将债务人财产视为一个财团，认为其具有一定的法律身份；而"权利客体说"否认其独立存在的法律地位，认为其是依附于债务人而存在的。从世界范围内来看，债务人财产并不是财产简单的相加，其对外具有一定的诉权，这体现了债务人财产是具有一定的法律地位的，从这个意义上讲，"权利主体说"似乎更为合理。但是，由于我国现行民事立法中尚无财团法人的具体规定，债务人财产也不是依据《民法通则》及相关法律登记设立的法人，故而，在现行立法体系下，就国内破产企业而言，认为债务人财产自身即构成权利主体的理论恐难以成立。

第二节 债务人财产的范围

一、债务人财产的范围及认定

债务人财产不仅包括破产案件受理时属于债务人的全部财产，也包括破产案件受理后至破产程序终结前债务人取得的财产。根据《破产法》第30条的规定，债务人财产包括以下两大类：

（1）破产案件受理时属于债务人的全部财产。破产案件受理时属于债务人的全部财产包括动产、不动产以及应当由债务人行使的相关财产权利。这里需要讨论的是，《破产法》使用的是"属于"，如何理解"属于"，学界有不同的观点：一种观点认为，"属于"即债务人所有的财产；另一种观点认为，这里的"属于"既包括债务人所有，还包括债务人经营管理的财产。① 持第二种观点的主要依据是参考了《最高人民法院关于审理企业破产案件若干问题的规定》中第64条对于破产财产的规定。该条规定的破产财产是指债务人在破产宣告至破产程序终结前所有或者所经营管理的财产。需要指出的是，最高人民法院的该条规定将债务人所经营管理的财产也纳入破产财产主要是针对国有企业而言，因为，在当时国有企业只有经营管理权而没有法人所有权。《中华人民共和国物权法》第55条规定："国家出资的企业，由国务院、地方人民政

---

① 汤维建：《企业破产法新旧专题比较与案例应用》，中国法制出版社2006年版，第169页。

府依照法律、行政法规规定分别代表国家履行出资人职责，享有出资人权益。"该条实际上已经承认了国有企业的法人所有权，因此，再套用最高人民法院以前关于破产财产的规定就不太合适了。综上，本书采用第一种观点，此处的"属于"只能理解为所有。

（2）在破产案件受理后至破产程序终结前债务人所取得的财产。债务人企业在破产受理后至破产程序终结前所取得的财产，通常称为新得财产。新得财产属于债务人财产，是我国破产立法在债务人财产问题上采取膨胀主义的体现。在破产案件受理后至破产程序终结前，债务人仍然可以从事某些必要的民事活动，比如决定继续履行破产企业尚未履行的合同等，这就存在取得财产的可能。在破产案件受理时的债务人财产也存在产生收益的可能，这部分财产应属于债务人财产。在这一时段内取得的财产，既包括实物财产，也包括财产权利。需要提及的是，破产案件受理后，债务人企业因行使某些原来已经享有的财产性权利而从其他主体获得的财产，不能称为新得财产，因为它并非新得到的财产，只不过是权利人使其原有的财产权利变换了一种存在形式。[①]

二、债务人财产的具体认定

（一）已作为担保物的财产是否为债务人财产

对此问题，理论界主要有两种观点：一种观点认为，根据《破产法（试行）》第 28 条的规定，已经作为担保物的财产不属于债务人财产，超过部分属于破产财产。[②] 另一种观点认为，已作为担保物的财产也应当是债务人财产。[③] 持这种观点的学者的主要理由是，如果已经作为担保物的财产不属于债务人财产，难道该财产

[①]　王欣新：《破产法》（第 3 版），中国人民大学出版社 2011 年版，第 135 页。

[②]　参见林承日：《债务人财产的构成》，《法学》1994 年第 7 期。

[③]　参见李永军：《破产法律制度》，中国法制出版社 2000 年版，第 220 页。

是无主财产，这在法理上讲不通，而且，如果该财产不是债务人财产，为什么超出部分归债务人所有呢？参照国外的立法，已经作为担保物的财产仍然是债务人财产。本书认为，第二种观点应该是合理的。《破产法》第109条规定："对破产人的特定财产享有担保权的权利人，对该特定财产享有优先受偿的权利。"该规定表明设定有担保的财产属于破产财产，从逻辑上讲，破产财产应当属于债务人财产，因此，从该条可以推断，已经作为担保物的财产应当属于债务人财产，只不过担保权利人享有优先受偿的权利罢了。

（二）关于破产企业以无偿划拨方式取得的土地是否属于破产财产

目前理论界的争论有两种观点：一种意见认为这种以划拨方式得到的土地使用权不能作为破产财产，理由是根据《中华人民共和国城镇国有土地使用权出让和转让暂行条例》第47条的规定："无偿取得划拨土地使用权的土地使用者，因迁移、解散、撤销、破产或者其他原因而停止使用土地的，市、县人民政府应当无偿收回其划拨土地使用权，并可依照本条例的规定予以出让。"如果将划拨的土地列为破产财产清偿债务，这是违反这一法律规定的，同时也会造成国有资源的极大损失。另一种意见认为，破产企业以划拨方式取得的土地使用权也是依法履行一定手续后的合法取得，应归入破产财产。理由首先是改革开放后也相应改革的土地使用制度，如1988年对城镇国有土地开征土地使用税；1990年又承认土地使用权的有偿出让、转让、抵押、出租或者用于其他经济活动，土地使用权流通限制有所松动。其次认为若不归入破产财产，则对债权人有失公平，对破产企业也欠公允。再次，也不符合市场经济主体平等的基本要求。

这两种观点可以说均有其理，而这一个争论在2003年4月18日正式施行的《最高人民法院关于破产企业国有划拨土地使用权应否列入破产财产等问题的批复》中得到了立法上的解决，最终肯定了破产企业以划拨方式取得的国有土地使用权不属于破产财产。在企业破产时，有关人民政府可以予以收回，并依法处置。纳入国家兼并破产计划的国有企业，其依法取得的国有土地使用权，应依据国务院有关文件的规定办理。

（三）关于破产企业的非经营性资产的处理

破产企业投资兴办的幼儿园、学校、医院等职工福利性机构，单纯从财产的来源看，这些机构属于破产企业的财产。但他们均属于福利性事业单位，是社会公益事业和福利事业的组成部分，它们不应属于《破产法》的适用对象，原则上不列为破产财产。

（四）关于破产企业职工宿舍、住房是否为破产财产

由于这个问题关系众多职工的利益，比较难以收回、变现、分配，处置上稍有偏颇就会带来一系列的社会问题，可能是基于这样的考虑，国务院在 1997 年 3 月 2 日的《关于在若干城市试行国有企业兼并破产和职工再就业有关问题的补充通知》中对于职工住房采取同上面非经营资产相同的做法。2008 年，由于国家开始新的"房改"政策，关于财产的归属与具体的分配都对这一规定提出挑战。有学者提出破产企业的职工宿舍、住房应属于破产财产，在分配时应当折价抵偿给债权人。债权人可以按照我国的"房改"政策，采取向住户出售产权等方式收回债权来得到清偿。但是在处分房产时，应当明确规定"买卖不破租赁"的原则。①

第三节　破产撤销权

一、撤销权的概念

撤销权又称否认权，是指管理人请求法院对破产债务人在破产申请受理前法定期限内实施的，对恶意减少其财产而有碍全体债权人公平受偿的行为予以撤销的权利。撤销权只能由管理人向法院请求。撤销权的行使将产生两个法律后果：一是使损害债权人利益的行为归于无效；二是使因该行为取得的财产或财产权利回归债务人。我国《破产法》第 34 条规定，因破产申请受理前法定期限内恶意减少其财产有碍全体债权人公平受偿的行为而取得的财产，管

---

① 王欣新：《破产法专题研究》，法律出版社 2002 年版，第 145～146页。

理人有权追回。正因为如此，撤销权是行使追回权的前提，追回权是撤销权行使的必然结果。

撤销权具有如下法律特征：

（1）撤销权的行使主体是管理人。根据《破产法》的规定，在破产程序中管理人的职责是管理债务人财产，而行使撤销权追回债务人不当处分的财产是其当然的职责，因而，撤销权是管理人的法定职责。管理人在发现债务人有法律禁止的处分行为时，不仅有权而且必须主动行使撤销权。根据《破产法》第31条、第32条的规定，管理人发现破产债务人在破产申请受理前法定期限内有恶意减少其财产损害全体债权人利益的行为时，有权请求法院撤销该行为，并取回相应财产。

（2）债务人的可撤销的行为一般发生于法院受理破产案件前的法定期间内。之所以规定可撤销的行为应发生于法院受理破产案件前的法定期间内，一是为了避免任意扩大撤销的范围而妨害交易安全，影响经济秩序的稳定；二是由于在受理破产案件后，管理人接管破产债务人财产，使得破产债务人在客观上不可能非法处分其财产。《破产法》区分两类情形，分别规定了案件受理前的1年和6个月内两种期间。同时，还规定了一类不受期间限制的可以撤销的行为，即发生为逃避债务而隐匿、转移财产和虚构债务或者承认不真实的债务两种行为，不论何时发生，均为无效。

（3）撤销权的设置目的是为了防止债权人的利益受到不正当损害。所以，有的学者认为，行使撤销权的一个前提，就是应有债权人利益因该行为受到损害的事实。也就是说，如果债务人在从事上述行为时，企业经营状况正常，资产超过负债，并无破产之虞，未实际损害到债权人的利益，那么即使以后企业亏损破产，对该行为也不得撤销，这也是为了保障正常的经济秩序，维护民事关系的稳定。[①] 应当说，采用这一实质判断原则较为公平，这也是学界的通说。但问题是，要管理人对债权人利益受损的事实进行举证较为困难，这样一来，有可能造成撤销权难以行使。我国《破产法》

[①] 王欣新：《破产法学》，中国人民大学出版社2004年版，第208页。

对撤销权进行规定时并未将债权人利益受损作为一客观要件提出，而只是规定了法定期限。因此，只要在法定期限内债务人实施了规定的行为，就可以推定债权人利益受损，而不管该行为是否实际对全体债权人的利益构成损害。

（4）债务人存在主观恶意。对此，学界存在一定争议。第一种观点认为，债务人主观上必须为恶意；① 第二种观点认为，应区分有偿行为和无偿行为，对于有偿行为，必须以主观恶意为要件，对于无偿行为则不以主观恶意为要件；② 第三种观点认为，成为撤销权对象的行为必须是有不当性的行为。③ 所谓不当性，应当综合权衡破产债权人的利益与受益人的利益，考虑该行为的内容、目的、动机，依照信义原则与公平理念作出判断。若行为缺乏不当性，则即使行为具有有害性，也不予撤销。例如，以低廉的价格处理了有关财产，但是如果是为了缓解企业资金周转的困难，避免企业陷入破产困境，迫不得已而为之的，则该行为具有正当性。我国也有学者持相同观点。④ 本书认为，上述观点基本上要么要求"主观恶意"，要么要求"不当性"，但是，"主观恶意"和"不当性"是一个非常抽象的东西，极其难以判断，如果将其作为撤销权的要件之一，极其容易给债务人恶意减少财产的行为制造借口。因此，可以这样理解，法律规定可以撤销的行为都是债务人应当禁止的行为，只要债务人实施了法律所禁止的行为，即可认定或推定债务人主观为恶意。

二、撤销权的范围

现行《破产法》规定了三类应撤销的行为：

---

① 参见柴发邦主编：《破产法教程》，法律出版社 1990 年版，第 226 页；张卫平：《破产程序导论》，中国政法大学出版社 1993 年版，第 238 页。

② 李国光主编：《新企业破产法教程》，人民法院出版社 2006 年版，第 171 页。

③ ［日］伊藤真著，刘荣军等译：《破产法》，中国社会科学出版社 1995 年版，第 223 页。

④ 汤维建：《论破产法上的撤销权》，《法律科学》1995 年第 6 期。

（1）人民法院受理破产申请前1年内，涉及债务人财产的下列行为，管理人有权请求法院予以撤销：①无偿转让财产的；②以明显不合理的价格进行交易的；③对没有财产担保的债务提供财产担保的；④对未到期的债务提前清偿的；⑤放弃债权的。

（2）人民法院受理破产申请前6个月内，债务人已知其不能清偿到期债务，仍对个别债权人进行清偿，损害其他债权人利益的，管理人有权请求法院予以撤销。但是，个别清偿使破产财产受益的，不在此限。

（3）有关债务人财产和财产权利的下列行为，不论何时发生，均为无效：①为逃避债务而隐匿、转移财产的；②虚构债务或者承认不真实的债务的。

第四节　破产取回权

一、取回权概述

（一）取回权的概念和性质

取回权，是指对于不属于破产人的财产，财产权利人可以不按照破产程序，依法通过管理人取回该财产的权利。《破产法》第38条规定："人民法院受理破产申请后，债务人占有的不属于债务人的财产，该财产的权利人可以通过管理人取回。但是，本法另有规定的除外。"这就是破产程序中的取回权。我国台湾地区学者陈荣宗认为，取回权系指破产管理人占有不属于破产财团之他人财产，财产之权利人得不依破产程序，直接对该项财产行使权利，从破产财团取回其财产之权利。[1]

取回权也是基于民事法律规定产生的，债务人财产的范围应以债务人的财产为限，将他人财产划入破产财产，是对权利人的侵

---

[1]　转引自李永军等：《破产法》，中国政法大学出版社2009年版，第91页。

害。依据民事法律的规定，在这种情况下，权利人有权要求返还原物，破产法上的取回权即是依此产生的。所以，这一权利并非《破产法》所创设，只是因其在破产程序中的行使特点，而称之为取回权。

（二）取回权的法律特征

1. 取回权的标的物不属于破产人所有，但为破产人所占有

这是取回权存在的客观前提。取回权的标的物原不属于破产人所有，但由于被破产人占有，因此，如果管理人将该财产误列为破产财产，财产权利人得主张返还。至于破产人占有的依据，既可以是基于财产共有、仓储、保管、加工承揽、委托交易等法律关系而发生合法占有，也可以是基于侵权行为、不当得利而发生的不法占有。破产人占有的形态，既可以是曾经占有、现在占有，也可以是即将占有。

2. 取回权的基础权利是所有权或者他物权

取回权的发生依据只能是物权关系，而不能是债权关系。只有所有权人或者其他物权人依照物上返还请求权才能提出取回请求。取回权的基础权利最为常见的是所有权。也就是说，在管理人所占有的财产中，属于他人所有的财产，如由于租赁、借贷、承揽等原因而被债务人所占有，所有权人于合同终止后请求返还的情况是最典型的取回权。

3. 取回权是不依破产清算程序行使的权利

虽然取回权人行使取回权需要通过破产管理人来进行，但这绝不意味着取回权人需要通过破产清算程序来行使取回权。取回权人行使取回权乃是取回自己的财产，因此不需要依照破产程序申报，也不需要等待破产财产的变价和分配，而是可以直接向破产管理人主张，直接从破产管理人控制的财产中取回。①

---

① 中国法制出版社编：《公司股权诉讼关键法条与典型实例》，中国法制出版社 2011 年版，第 103、104 页。

（三）取回权的种类

取回权按照成立根据的不同，可分为一般取回权和特别取回权两类。

1. 一般取回权及其分类

一般取回权，也称典型取回权，是指依据民事法律中物的返还请求权，当债务人实际占有取回权人的财产时，取回权人可从管理人处取回该财产的权利。上文中对取回权的叙述，即是针对一般取回权而言的。

根据债务人占有财产的基础法律关系，一般取回权主要包括：租赁物的取回权，借用物的取回权，寄存物的取回权，定作物的取回权，出售、寄售物的取回权和失散物的取回权等。

2. 特别取回权及其分类

特别取回权，也称特殊取回权或者特种取回权，是指依据破产法或者商事法的专门规定，对债务人曾经占有或者即将占有的取回权人的财产，取回权人可依法从管理人占有管理的财产中，取回其财产的权利。

特别取回权具体包括代偿取回权、出卖人取回权和行纪人取回权三种。

（1）代偿取回权。

我国《破产法》没有明确规定代偿取回权。从国外破产法有关代偿取回权的规定来看，债务人在破产宣告前，将取回权的标的财产非法转让，但尚未接受对待给付财产的，取回权人可以请求将对待给付财产的请求权移转给自己。但如债务人在破产宣告前已经接受对待给付财产，则取回权人只能将对债务人不当得利的返还请求权作为破产债权要求清偿。破产管理人在破产宣告后，将取回权的标的财产非法转让，破产管理人尚未接受对待给付财产的，取回权人可以请求将对待给付财产的请求权移转给自己，破产管理人已经接受对待给付财产的，取回权人可以请求取回该对待给付财产。日本破产法规定，破产管理人在破产宣告后，将取回权的标的财产转让，已经接受对待给付财产时，如对待给付的特定属性尚未失去，并存在于破产财团中，取回权人可以对其行使取回权。如接受的对待给付财产是没有特定属性的货币时，取回权人可以将该货币数额作为财团债权。①

（2）出卖人取回权。

出卖人取回权，是指异地动产买卖合同中，当出卖人已将出卖物交付运送，买受人还未实际占有该物，且未支付或者全额支付价金即被宣告破产时，出卖人有权解除买卖合同，并取回出卖物。出卖人取回权是破产法根据公平的原则，为保护出卖人的利益而设立的。但是，依照《破产法》，管理人可以支付全部价款，请求出卖人交付标的物。

（3）行纪人取回权。

行纪人取回权，是指当行纪人受委托人的委托购入委托物并在异地发送货物后，委托人还未实际占有该物，且未支付或者全额支付价金即被宣告破产时，行纪人有权解除行纪合同，并取回委托物。我国《破产法》上没有行纪人的取回权的规定，但根据我国《破产法》的立法精神，这种取回权在我国也应适用。

二、取回权的行使

（一）取回权行使的时间

人民法院受理破产申请后至破产程序终结前，取回权人得随时向管理人请求取回财产。管理人收到取回权人的请求后，一经证明属实，即应予以返还。

（二）取回权行使的条件

根据取回权类别的不同，取回权行使的条件不尽相同，下面仅对一般取回权和出卖人取回权的行使条件略加说明。

1. 一般取回权行使的条件

（1）取回权的标的物，须现实存在，并被债务人或破产管理人占有。取回权以取回原物为原则。如果在取回权人行使权利之

① 转引自王艳梅、孙璐：《破产法》，中山大学出版社 2005 年版，第131 页。

前，标的物已经毁损灭失，则一般取回权随之消灭，取回权人只能将损害赔偿请求权作为破产债权要求清偿。

（2）取回权的基础权利应具有完全对抗力。取回权人应是标的物的合法所有人或其他权利人，如取回权人对该物拥有合法的支配权等，否则，破产管理人可以此对抗取回权人。

2. 出卖人取回权行使的条件

（1）买受人在破产申请受理前，出卖人已将出卖标的物发送而买受人尚未收到。这是出卖人取回权行使的重要条件。当买受人被宣告破产时，买卖标的物正在运送途中。此时，买卖标的物已经脱离了出卖人的直接占有，但买受人还未实际控制该物。如果出卖人在发送标的物之前，买受人已经进入破产程序，出卖人为了维护自身利益，就不会发送标的物；如果买受人在破产申请前，已经收到了标的物，这时标的物的所有权转归为买受人，出卖人自然不再享有取回权，其债权只能作为破产债权受偿。

（2）买受人在破产申请受理时，买受人或管理人尚未付清全部价款。如买方已付清货物价款，卖方权益未受损失，自然也无取回货物之权。这里的未付清货款，并不问原定清偿期限是否已到，因为无论清偿期到与否，破产的事实已使卖方不可能再获得全部货款。

（3）一般为异地动产买卖。如果为同地买卖，买卖标的物无需在途中停留较长时间，就不会产生出卖人行使取回权的问题。但随着交通和通信的快速发展，异地已经成为一个相对的概念，出卖人取回权的基础已经被大大地削弱了。另外，从理论上说，即使在同地的情况下，也有可能发生出卖人已经将货物发出而买受人尚未收到时被宣告破产的情形。在此情况下，出卖人也应享有取回权。①

（三）取回权行使的方式

（1）破产法上的取回权在破产申请受理后方得形成，在破产

---

① 李永军：《破产法律制度》，中国法制出版社2000年版，第251页。

申请受理前，包括和解与整顿期间，权利人要取回财产，须根据《民法通则》和《中华人民共和国合同法》（以下简称《合同法》），依照原订立的合同进行。

（2）取回权不依破产程序而在破产程序之外行使。取回权是在法院受理破产申请之后形成的，这时，破产管理人已经接管了债务人的全部财产。当对取回权无争议时，取回权人只能直接向管理人主张权利，不得擅自从债务人处拿走财产。

（3）取回权是一种对物的权利，只限于取回原物。如在破产案件受理前，原物已售出或灭失的，就不能再要求取回价款，只能以物价作为破产债权要求清偿。

（4）权利人在取回定作物、保管物等财产时，存在相应给付义务的，应向清算组交付加工、保管等费用后，方得取回；当有争议发生时，取回权人应通过诉讼方式行使其权利。

第五章　破产别除权与破产抵销权

第一节　破产别除权

一、别除权的概念与特征

（一）别除权的概念

别除权，是指债权人因债权设有担保物，而就债务人特定担保财产在破产程序中享有的优先受偿权利。《破产法》第109条规定："对破产人的特定财产享有担保权的权利人，对该特定财产享有优先受偿的权利。"此项权利在破产法理论上即称为别除权。它是由债务人特定财产上已存在的担保物权之排他性优先效力沿袭而来，并非破产法所创设。① 别除权的名称，乃是针对这种权利在破产程序中行使的特点而命名的。

（二）别除权的法律特征

（1）别除权的基础是在破产申请受理以前成立的设立了担保的债权。这些担保债权必须在破产申请受理之前的特定期间内存在，这是构成别除权的时间要件。在破产申请受理后，破产人已经丧失了对自己财产的经营管理权，不可能再形成别除权。

（2）别除权是对债务人之特定财产行使的权利。这意味着，第一，别除权行使的对象应是针对破产管理人管理下的债务人财产，所以，别除权人就担保物的价款受偿时，如有超过债务的余额，应返还破产管理人，用于对全体破产债权人清偿。如担保物的

---

① 陈荣宗：《破产法》，中国台湾三民书局1986年版，第231页。

价款不足以清偿全部债额，未受偿之债权便转化为破产债权，得对债务人其他财产行使权利。第二，别除权是针对债务人设定担保之特定财产行使的权利。这就与破产债权和产生于破产程序启动后的破产费用是针对一般破产财产行使的权利，在清偿财产的范围上有别。即便是在破产财产不足以支付破产费用的情况下，也不得从担保财产中拨付，别除权人的权利不受影响。只有在担保财产清偿担保债权后尚有余额的情况下，才可用于对破产费用的拨付和破产债权的清偿。

（3）别除权是一种优先受偿权。别除权的优先受偿，不同于破产费用从破产财产中的随时优先拨付，更不同于破产债权因性质不同而在清偿顺序上排列的先后。别除权的优先受偿权，是针对特定的担保财产行使的，可优于其他债权人单独、即时受偿的优先权利。

二、别除权的行使

别除权不依破产清算程序行使，这是别除权行使的一般原则。别除权的基础权利是担保物权，担保物权的设立目的是在债务人失去清偿能力时优先受偿，而破产程序要解决的问题是债权人公平受偿的问题，如果别除权的行使完全受破产程序的限制，那么与当初设定担保物权的本意相违背。根据《破产法》的相关规定，别除权的行使不受《破产法》第16条、第19条的限制，即人民法院受理破产申请后，债务人对个别债权人的债务清偿无效以及有关债务人财产的保全措施应当解除，执行程序应当中止的限制。《破产法》之所以这样规定是因为，破产申请受理后债务人对个别债权人清偿债务、有关债务人财产的保全措施不解除、执行程序不中止会影响其他债权人的公平受偿。而别除权的行使和其他债权人的公平受偿无关，所以，别除权的行使不应受上述规定的限制。另外，因别除权所针对的特定财产不属于破产财产，而破产清算的对象为破产财产，并且，别除权人对破产清算方案也没有表决权，所以，别除权不受破产清算的限制。最后，破产和解程序的启动是以和解协议的有效成立为必要条件的。没有放弃优先权的别除权人不享有对和解协议的表决权，和解协议对没有放弃优先受偿权的别除权人也不具有约束力。

但由于别除权是处在债务人进入破产程序这一特殊的背景下，因此，别除权人行使权利时还应遵守《破产法》的有关规定。根据各国破产法的规定和破产理论，别除权行使的程序和方式如下：

（1）别除权人须申报债权。别除权人是否应申报债权，各国破产立法规定不一。有的国家认为，别除权的实现有特定的财产担保，不受破产清算程序的约束，因而无须申报债权，仅在别除权标的物的价款可能不足以保证担保债权全额受偿时，对预计不能受偿的那部分债权才需申报，将其作为破产债权受偿。有的国家认为，破产程序涉及破产人、债权人以及破产人的职工等多数人的利益，为减少争议，使破产程序顺利进行，别除权人也应申报债权。[1] 从我国《破产法》第49条"债权人申报债权时，应当书面说明债权的数额和有无财产担保"的规定来看，我国立法上采取的是后一种做法，即所有债权人无论有无财产担保都应当依法申报债权。

（2）别除权须经有权机关承认。别除权人要行使别除权，必须经过有权机关的承认。关于别除权的承认机关，各国破产立法规定不同。有的国家基于破产管理人接管破产人的法律地位，规定破产管理人拥有承认别除权的权利。有的国家的破产法还规定，破产管理人承认别除权，必须经债权人会议或监查人的同意。有的国家从保护其他债权人利益的角度出发，将该承认权赋予债权人会议。[2] 从我国现行《破产法》的相关规定来看，管理人有权审查别除权来证明材料的真实性，这里的审查只是一种形式上的审查。债权人会议拥有核查权，核查权是一种实质意义上的审查，这里的核查权实际上是一种承认权。由此可见，我国《破产法》将别除权的承认权赋予了管理人，而债权人会议享有的是核查权。

---

[1] 赵旭东主编：《商法学》（第2版），高等教育出版社2011年版，第586页。

[2] 赵旭东主编：《商法学》（第2版），高等教育出版社2011年版，第586页。

（3）别除权人依法律规定的程序处分标的物优先清偿。别除权的行使除须遵守担保物权的有关规定外，还应遵守破产法的特殊规定。如在行使时间上，由于破产申请受理会产生将未到期的债权视为已到期的法律后果，故未到期的别除权也可据此提前行使，但其利息应只计算到破产申请受理时止，未到期的利息应当扣除；在行使方式上，留置权人的法定催告义务应当免除。

三、别除权成立的范围

从各国有关立法来看，通常可在破产法上享有别除权的民事权利包括质权、抵押权、留置权、特别先取权等。在此问题上存在争议的是，留置权和定金是否可以在破产程序中成立别除权。对此各国无论从立法上还是理论上，都存在很大争议。

对留置权能否在破产法上享有别除权，各国立法规定不一致。有的国家规定，留置权可以在破产法上享有别除权。有的国家规定，留置权不能在破产法上享有别除权。还有的国家将留置权分为民事留置权和商事留置权，规定只有商事留置权可以在破产法上享有别除权。[1] 从我国现行《破产法》的规定来看，《破产法》规定，对债务人特定财产享有担保权的债权人可以在破产程序中行使别除权。而留置权显然是对特定财产设定的担保物权，所以，留置权在破产程序中是能产生别除权的。

定金这种担保形式能否构成别除权存在争议，问题不仅在于破产立法规定的不统一，而且在于定金担保在理论上应否给予别除权存在争议。如前所述，别除权是基于物权担保产生的，其是针对特定财产行使的权利，而定金以货币作为担保，即不是以特定物，而是以种类物担保。由于定金不是就特定物设定的权利，也就无法通过物权性限制来保障债权人的利益，起不到物权担保的作用，所以，对定金担保债权不宜给予别除权。

---

[1] 转引自李永军等：《破产法》，中国政法大学出版社 2009 年版，第109 页。

四、别除权人的破产申请权问题

各国破产立法对此问题有两种主张。一种主张认为，别除权人的债权有担保物担保，其受偿不受债务人是否破产的影响，原则上没有必要赋予其破产申请权，仅在担保物不足以清偿其担保债权的情况下，才允许其提出破产申请，否则便可能出现权利的滥用。另一种观点认为，别除权人同时也是债务人之债权人，债务人的全部财产都是对全体债权人的一般共同担保，而别除权之担保不过是为个别债权人的利益，又于债务人的特定财产上另外给予了一重保障，其作为债权人的基本权利不应因有担保物反受限制，更何况还存在担保物不足以清偿担保债权的可能，所以别除权人应享有破产申请权。但是，对债务人以其财产为他人担保的情况，别除权人无破产申请权。因这时别除权人只对债务人的特定财产享有优先受偿权，对债务人并无债权权利，即其权利仅限于申请对担保物的执行。因提供担保的债务人本身并不是担保债权的主债务人，所以不应有破产申请权。[1]

有财产担保的债权人通常可从担保物中获得全部清偿，一般情况下，有财产担保的债权人并无不能受偿的危险。而破产程序是一种概括执行程序，成本较高，申请债务人破产完全没有必要。只有当设定有担保的特定财产不足以清偿债权时，才可以申请债务人破产。

第二节　破产抵销权

一、破产抵销权概述

（一）破产抵销权的概念和意义

《破产法》第40条规定："债权人在破产申请受理前对债务人

---

[1]　王欣新：《破产法》（第3版），中国人民大学出版社2011年版，第188页。

负有债务的，可以向管理人主张抵销。"这就是《破产法》上关于抵销权的规定。从上述规定来看，所谓抵销权是指，债权人在破产申请受理前对债务人负有债务的，可以向管理人主张抵销的权利。

破产法上的抵销制度是破产债权只能依破产程序分配清偿的例外。根据《破产法》第 30 条的规定，任何人对债务人所负的债务，均为债务人财产的一部分。债权人行使抵销权的结果是，将债务人的一部分财产全部用于清偿抵销权人的债权，从而使债权人避免因债务人财产比例受偿而遭受损失。这实际上使抵销权成为具有担保功能的一种权利。从表面上看，抵销权的行使和个别清偿没有什么不同，这好像和破产法平等受偿的原则相悖。但世界上绝大多数国家均在破产程序中承认抵销权，这是有一定理由的：第一，通过抵销权的行使，能够为双方当事人节约债权实现的时间和费用。第二，如果不允许抵销，就会产生不公平的现象，即自己欠破产财团的债务被要求作出全面的履行；与此相对，自己拥有的债权，则作为破产债权，只能受到按比例的平均的分配（清偿）。[①] 相同的当事人之间，同样的债权却处于不平等的清偿地位，有违公平原则。从现代破产法的发展来看，设立抵销权制度的原因主要是第二点，为双方当事人节省结算时间和费用等考虑，则早已退居于末位。

（二）破产抵销权与民法上的抵销权

破产抵销权原本也是民法上的权利，但又不完全等同于民法上的抵销权。两者的主要区别表现在：

（1）民法上的抵销权，要求相互抵销的债务均已到清偿期限，而且通常情况下，相互抵销的债务给付种类、品质是相同的。而破产抵销权则没有上述两个方面的限制。我国《合同法》第 99 条第 1 款规定："当事人互负到期债务，该债务的标的物种类、品质相同的，任何一方可以将自己的债务与对方的债务抵销，但依照法律规定或者按照合同性质不得抵销的除外。"该法第 100 条规定：

---

① 转引自王欣新：《破产法》（第 3 版），中国人民大学出版社 2011 年版，第 198 页。

"当事人互负债务，标的物种类、品质不相同的，经双方协商一致，也可以抵销。"破产法中抵销权的行使，则无上述两个条件的限制，即使是种类不同的债权或者是未到期的债权，也可行使抵销权。这主要是因为《破产法》规定，附条件的债权可以作为破产债权申报，未到期的债权一律视为到期债权，所以，附条件和未到期债务也可抵销。另外，破产程序是一种概括执行程序，不同种类、品质的债权，要一律折合为货币形式方能加以清偿，所以，不同种类、品质的债权在破产程序中均能进行抵销。

（2）民法上的抵销权对相互抵销的债权债务成立的时间并无限制，而破产抵销权，原则上仅允许破产申请受理前成立的债权债务相互抵销，有时间上的严格限制。

（3）破产抵销权虽然不是一种担保权，但是，在破产程序中，实际上具有保证债权人优先受偿的担保功能。而民事抵销权主要是为双方当事人节省结算时间和费用，担保的作用并不明显。

二、破产抵销权的行使及其限制

（一）破产抵销权的行使

《破产法》第40条规定，债权人行使抵销权，应通过管理人进行。从以上规定我们可以看出，在通常情况下，破产抵销权的行使应当以如下方式进行。

首先，破产债权人依法申报债权，并向管理人提出行使抵销权的请求。根据《破产法》第56条的规定，债权人未按《破产法》规定申报债权的，不得依照《破产法》规定的程序行使权利。可见，所有的债权人都必须申报债权，破产抵销权人也不例外。从法院受理破产申请后，债务人由管理人接管，其享有的债权和承担的债务由管理人予以收回和负责清偿，因此，破产债权人只能以管理人为相对人，行使破产抵销权。

其次，债权人会议经核查承认破产债权。我国《破产法》规定，破产债权须经管理人审查和债权人会议核查。如果管理人或者债权人会议对破产债权不予承认，破产债权人只能通过诉讼程序请求法院确认争议的破产债权。

最后，破产债权人应在破产财产最终分配前行使抵销权，这是对破产抵销权行使期间的规定。破产财产分配之后，如破产债权人未主张抵销权，其对破产人所负的债务应作为破产财产收回，其债权只能依照破产清算程序参加破产分配。

（二）破产抵销权的限制

为防止破产抵销权为当事人所滥用而损害他人利益，我国《破产法》第40条规定了禁止条款，下列违法抵销的行为无效：

1. 债务人的债务人在破产申请受理后取得他人的破产债权禁止抵销

这种债权本身虽成立于破产宣告之前，但对债务人来说，其取得却是在破产宣告之后。债权转手后法律禁止抵销的主要原因是，在债权转手抵销的过程中，会部分免除债务人的债务人的清偿义务，从而导致债务人财产不当减少，损害广大债权人的利益。因抵销权人对债务人的债权可以获得全部清偿，而其他一般债权人则只能按比例清偿，如果不禁止债权转手后的抵销，就有可能出现债务人的债务人通过低价购买债权的方式逃避全部清偿义务，债权人通过转让可以获得超过应受清偿比例的清偿。例如，甲对债务人负有10万元的债务，而乙对债务人享有10万元的债权，假定破产清偿比例为30%。这时，乙如果按照破产程序受偿的话，只能获得3万元的清偿。甲便可能向乙提出以5万元价款购买其10万元破产债权。乙因此可多得2万元，并立即得到偿还，自然是何乐而不为？甲用这10万元债权去抵销自己必须完全清偿的10万元债务，也少支付了5万元，债务人10万元的债权实际上是只实现了3万元，不当减少了7万元。其中，2万元被乙窃走，5万元被甲窃走。这显然是侵害了其他破产债权人的利益，所以在这种情况下，法律禁止抵销。需要强调的是，对于转手抵销之禁止，我国《破产法》并不以区分债务人的债务人在转手取得债权的过程中是否善意为必要，无论何种原因取得，均不得抵销。

2. 债权人恶意对债务人负担债务的

破产债权人在已知债务人不能清偿到期债务或有破产申请的情况下，仍然对债务人负担债务，法律推定其是出于抵销牟利之目的，是恶意对破产人发生的债务，所以，此种债务不得抵销。《破产法》第 40 条第 2 项但书规定了例外情况，即债权人因为法律法规的规定或者有破产申请一年前所发生的原因而负担债务的除外。如果债务的发生是基于法定原因（如继承）或有破产申请一年前所发生的原因而负担债务的，则不在禁止抵销之列。

3. 债务人的债务人恶意取得对债务人债权的

一般情况下，如果已知债务人有不能清偿到期债务或者破产申请的事实，正常的民事主体是不会对债务人产生新的债权的，因为，债务人进入破产程序后不可能获得全部清偿。因此，在已知债务人有不能清偿到期债务或者破产申请的事实，仍然取得对债务人的债权，法律上推定行为人有不当行使抵销权之恶意。《破产法》第 40 条第 3 项但书规定了例外情况，即债务人的债务人因为法律法规的规定或者有破产申请一年前所发生的原因而取得债权的除外。如果债权的发生，是基于法定原因（如继承）或有破产申请一年前所发生的原因而取得的，则不在禁止抵销之列。

第六章 破 产 债 权

第一节 破产债权概述

一、破产债权的含义

破产债权是破产法中最重要的一种实体性权利，正因为如此，对破产债权的规定无疑成为各国破产法上的一项重要内容。破产法是实体法和程序法的统一，因而破产债权从不同的角度考察，有不同的含义。从程序的角度讲，破产债权是依破产程序申报并依破产程序受偿的财产请求权，学理上称之为形式意义上的破产债权。形式意义上的破产债权揭示了破产债权的外部特征与最终目标，即破产程序是破产债权实现的唯一途径，破产债权非依破产程序不得受偿。从实体法的角度看，破产债权是在破产申请受理前成立的对债务人可以行使的一切财产上的请求权。① 实质意义上的破产债权反映了破产债权的实质，即破产债权是在破产程序启动之前基于法律原因就已经存在的债权，并不是因破产程序而新产生的权利。可以这样说，实质意义上的破产债权是程序意义上破产债权的前提和基础，程序意义上的破产债权是实质意义上破产债权实现的方法和途径，两者只是从不同方面揭示破产债权的特征而已，是从形式意义上对破产债权进行界定还是从实质意义上对破产债权进行界定是对同一问题从不同角度认识的反映。《破产法》第 107 条规定，人民法院受理案件时对债务人享有的债权为破产债权。可见，我国

---

① 李永军：《破产法律制度》，中国法制出版社 2000 年版，第 172 页。

《破产法》是从实质意义上对破产债权进行规定的。

《破产法》第 107 条规定，人民法院受理案件时对债务人享有的债权为破产债权，而《破产法（试行）》第 30 条规定，破产债权是指破产宣告前成立的无财产担保的债权和放弃了优先受偿权利的有财产担保的债权，可见新旧《破产法》对破产债权的定义是有区别的。

从新旧《破产法》对破产债权的表述来看，现行法律对于破产债权的外延应该是有所扩大。但是，仍然有学者认为，现行法律中的破产债权也必须是无财产担保的债权或者放弃了优先受偿的有财产担保的债权。① 本书认为，从现行法律对破产债权的规定来看，并没有将有财产担保的债权排除在外。理由如下：第一，从新旧法的表述来看，现行法律既然将旧法中限定性的表述进行修改，这就意味着，新法主张将这种限定取消；第二，《破产法》第 109 条和第 110 条规定，对特定财产设定有担保的权利人对该特定财产有优先受偿的权利，其优先受偿的权利未能完全受偿的，其未完全受偿部分作为普通债权。从上述规定可以看出，《破产法》中设定有担保的债权照样属于破产债权的范畴。

二、破产债权的特征

（1）破产债权基于破产程序开始前的原因成立。破产程序是一种概括性程序，主要目的是使债权人公平受偿，故必须划定一定的时间界限，使破产债权的范围固定化。破产债权必须基于破产程序开始前的原因成立，是指债权得以产生的法律事实在破产程序开始前已有效存在，至于该债权是否附有条件，是否附有期限以及是否到期，则在所不论。这一时间界限是破产债权与破产费用、共益债权区别的重要特征。需要指出的是，破产债权应在破产受理前成立，仅为一般性原则。作为该原则的例外，法律上应承认某些虽成立于破产申请受理后的债权仍不失为破产债权，以维系社会公平。

---

① 汤维建：《企业破产法新旧专题比较与案例应用》，中国法制出版社 2006 年版，第 203 页。

例如，票据的发票人或者背书人被宣告破产，而付款人或者承兑人不知其事实而付款或承兑，由此产生的债权也为破产债权。①

（2）破产债权是对人的请求权。对物请求权基于的是"对物的责任"，对人请求权基于的是"对人的责任"，对人的请求权是相对于对物的请求权而言的。前者是债务人以其所有的非特定的全部财产对债权人负清偿责任，后者是债权人对债务人的特定财产为请求权。在破产法中，破产人以其所有的非特定的全部财产即破产财产为清偿保障，这是破产债权与取回权和别除权相区别的重要特征。取回权针对的是不属于破产人但被其占有的特定财产；别除权针对的是破产人用于担保的特定财产，这些均是对物的请求权。

（3）破产债权为财产请求权。民法上的请求权依给付内容不同可以分为财产请求权和非财产请求权。破产债权为财产请求权，指破产债权能直接或间接以金钱为给付标的的请求权。非以财产为给付内容的请求权不能作为破产债权。但在一定条件下，某些非财产上的请求权因不履行而产生损害赔偿请求权时，此项请求权若发生在破产程序开始之前，这种损害赔偿请求权可转化为破产债权。

（4）破产债权必须是能够强制执行的债权。债权除了指获得国家强制力的保护，能够通过强制执行实现以外，民法理论上还承认一种没有强制执行力的债权，即"自然债权"。破产程序是一种概括强制执行程序。在破产程序中，对破产人全部财产的接管、清算、变卖、分配等，都具有强制执行的特征。"自然债权"因其已丧失了受国家强制力保护的可能性，就应将其排除在破产债权之外。在一般情况下，"自然债权"经债务人自愿履行能够实现，但如债务人已经进入破产程序，即使债务人自愿，"自然债权"也不可能转化为破产债权。

（5）破产债权必须依法申报和确认，并通过破产清算程序按比例受偿。破产债权必须在法定期限内申报，并经债权人会议确认。凡未在法定期限内申报的债权、虚报的债权，或未经债权人会

---

① 李国光主编：《新企业破产法教程》，人民法院出版社 2006 年版，第211 页。

议确认的债权，都不属于破产债权。此外，破产债权必须按照破产清算程序，在破产管理人对破产财产进行清算、变价后，从破产管理人处按比例受偿。破产程序开始后，破产债权人在破产清算程序之外接受的清偿不得对抗其他债权人，破产管理人可依法追回。

第二节　破产债权的范围认定

一、破产债权的范围

现行《破产法》对破产债权的具体范围没有作出具体规定，但是参照《破产法》的相关司法解释，① 结合破产债权的基本法律规定和各国立法实践，破产债权一般包括以下几种：

（1）破产案件受理前发生的无财产担保的债权。这是破产债权的基本组成部分。原则上，任何债权只要成立于债务人进入破产程序之前，且没有财产担保，就属于破产债权，而不论该债权成立的原因如何，是否已到期，是否附有条件或期限，是否有第三人作为保证人，等等。

（2）破产案件受理前产生的有财产担保而未能受优先清偿的债权。对此问题，《破产法》第 109 条有明确规定，对于有财产担保的债权，债权人首先可就特定的担保财产优先受偿，担保债权在行使了优先受偿权后，未得到完全清偿的那部分债权可以按普通债权受偿。

（3）破产申请受理前发生的虽有财产担保但是债权人放弃优先受偿的债权。《破产法》第 110 条规定，对于有财产担保的债权人放弃其优先受偿权利的，其担保债权转化为普通债权，按普通债权受偿。

（4）票据付款人的追索权。因票据（汇票、本票和支票）关

---

① 这里的司法解释主要指《最高人民法院关于审理企业破产案件若干问题的规定》。需要强调的是，该司法解释对破产债权的时间界限规定为破产宣告前，而根据《破产法》，破产债权的时间界限应为破产申请受理前。

系所产生的债权包括两部分，即因票据资金关系而发生的债权和因背书关系而发生的债权。如果票据的付款人或承兑人在付款或承兑之前，没有预先收到出票人或背书人的资金，其因付款或承兑行为而发生的债权可根据票据资金关系或背书关系向出票人或背书人追偿。如果出票人或背书人被宣告破产，付款人或承兑人的付款或承兑行为可能发生在破产程序启动之前，也可能发生在破产程序启动之后。在前一种情况下，付款人或承兑人的追偿权在破产程序启动时已经成立，应作为破产债权；在后一种情况下，因付款人或承兑人的求偿权在破产程序启动时并未实际存在，是否可作为破产债权，《最高人民法院关于审理企业破产案件若干问题的规定》第55条第4项规定："票据出票人被宣告破产，付款人或者承兑人不知其事实而向持票人付款或者承兑所产生的债权。"但此规定带来了两个问题：第一，如何判断付款人或承兑人知不知情，这是一个在实务上比较棘手的问题；第二，这一规定明显有违票据的无因性原理。所以，《破产法》第55条不再将付款人或承兑人在付款时是否知情作为认定破产债权的条件，而是规定："债务人是票据的出票人，被裁定适用本法规定的程序，该票据的付款人继续付款或者承兑的，付款人以由此产生的请求权申报债权。"

（5）管理人解除双务合同所发生的债权。破产人进入破产程序之前成立的，且破产人尚未履行的双务合同，各国破产立法一般都赋予管理人以解除权。我国《破产法》第18条对此问题也作了相同的规定。管理人解除权的行使，有主动为之，也有法律推定为之。不管是哪一种情况，合同解除的原因都只能归责于破产人，因管理人解除合同给对方当事人造成的损失，理应由破产人承担，对方当事人请求损害赔偿的权利应属于破产债权。《破产法》第53条规定："管理人或者债务人依照本法规定解除合同的，对方当事人以因合同解除所产生的损害赔偿请求权申报债权。"

（6）债务人的受托人在债务人进入破产程序后，受托人不知情而继续处理委托事务所发生的债权。《破产法》第54条规定："债务人是委托合同的委托人，被裁定适用本法规定的程序，受托人不知该事实，继续处理委托事务的，受托人以由此产生的请求权申报债权。"从该条的规定来看，如果受托人知情，由此产生的请求权不得作为破产债权，但问题是，如何判断受托人知不知情，这在具体操作上是比较困难的。有的学者主张，可以采取推定模式，受托人在债权申报公告前的付款或承兑行为，推定为不知其事实；在债权申报后为付款或承兑行为，推定为知其事实，由受托人自己提反证。①

（7）连带债务人的求偿权。在连带债务中，每一个债务人对债权人都负有清偿全部债务的义务，但在债务人之间，债务是按一定比例存在的。当一个或数个连带债务人破产时，已经履行了债务的其他连带债务人对该破产债务人享有的求偿权应属于破产债权，这是毫无疑义的。但是，尚未清偿债务的连带债务人可否以其将来的求偿权请求参加破产分配，对此，各国立法一般采取肯定态度。《破产法（试行）》只有对保证人求偿权的规定，并未彻底解决其他种类的连带债务人将来求偿权的问题。为使其他种类连带债务人的将来求偿权有明确的法律依据，《破产法》第 51 条对此作出了明确的规定："债务人的保证人或者其他连带债务人已经代替债务人清偿债务的，以其对债务人的求偿权申报债权。债务人的保证人或者其他连带债务人尚未代替债务人清偿债务的，以其对债务人的将来求偿权申报债权。但是，债权人已经向管理人申报全部债权的除外。"

（8）劳动债权。劳动债权是指因破产宣告前的劳动关系而发生的债权，具体包括在企业破产清算中应优先分配的包括债务人企业所欠劳动者的工资（劳动报酬）、工资性待遇、因企业破产解除劳动合同依法应支付给劳动者的经济补偿金和欠缴的社会保险费用等。《破产法》对于劳动债权的范围以及具体清偿的办法作出了如下规定。①将破产债权的范围从工资扩大到工资和医疗、伤残补助、抚恤费用以及依照法律、法规应当支付给职工的补偿金；②从清偿顺序上，不再笼统地将劳动保险费用放在第一顺序，而是将劳

---

① 汤维建主编：《新企业破产法解读与适用》，中国法制出版社 2006 年版，第 176 页。

动保险费用中与职工关系最为紧密的基本养老和基本医疗的个人账户的欠款放在第一顺序，将其余社会保险费放在第二位清偿。这一清偿顺序的规定体现了破产法对于职工利益的关注。③明确规定《破产法》公布之日前所产生的劳动债权优先于担保债权。《破产法》第 132 条规定："本法施行后，破产人在本法公布之日前所欠职工的工资和医疗、伤残补助、抚恤费用，所欠的应当划入职工个人账户的基本养老保险、基本医疗保险费用，以及法律、行政法规规定应当支付给职工的补偿金，依照本法第一百一十三条的规定清偿后不足以清偿的部分，以本法第一百零九条规定的特定财产优先于对该特定财产享有担保权的权利人受偿。"需要强调的是，对于《破产法》颁布之后产生的劳动债权则不再有优先于担保债权的效力。

二、除斥债权

在国外破产立法和法学理论中，有所谓"除斥债权"制度，即这些债权虽然符合一般债权的构成要件，但因债务人处于破产状态这一特定事实，法律规定这些债权不得参加破产程序获得分配。参照各国破产立法，以下债权不得作为破产债权：

（1）债权人参加破产程序的费用。债权人参加破产程序所支出的债权申报费用、邮电送达费用、出席债权人会议的交通和住宿费用等，均发生在破产宣告之后，且系为个人行使债权而支付，故不应列为破产债权。这样规定，可以促使债权人节约破产费用，并可避免因个别债权人恶意扩大费用支出而损害其他债权人利益的情况发生。

（2）破产宣告后的利息。依破产法的规定，于破产宣告时未到期的债权，均视为已到期，因此，如债权系计息债权，破产宣告后的利息不得作为破产债权。

（3）对破产人科处的罚金、罚款和没收财产。在破产宣告前，司法机关、行政机关对破产人作出的罚金、罚款和没收财产等处罚决定，如果没有执行，在破产宣告后即不得再执行，因为如果再执行，实际上是惩罚破产债权人，并未达到处罚的目的。

（4）因破产宣告后合同不履行而产生的违约金。在破产宣告后，债务人即丧失了对其财产的管理与处分权。此时，清算人有权决定解除未履行的合同，由此产生的违约金，不应作为破产债权。

（5）其他不得作为破产债权的情形。如超过诉讼时效期间的请求权，未按法定期间申报的债权，破产企业的股权，股票持有人在股权、股票上的权利等，不得作为破产债权。

第三节　破产债权的申报与确认

一、破产债权的申报

（一）破产债权申报的含义

债权申报，是指债权人于破产案件受理后，在法定的期限内，依法定程序主张并证明其债权，以便参加破产程序的行为。债权人申报债权，是其参加破产程序的必要条件。未申报债权的债权人，不得参加破产程序。无论是无财产担保的债权，还是有财产担保的债权，都必须申报。

债权申报具有以下特征：

（1）债权申报是债权人的单方意思表示。根据意思自治原则，债权人享有申报和不申报的自由。

（2）债权申报以主张并证明债权为内容。申报人主张债权以外的其他权利（例如财产取回权）的，或者不能提出债权证明的，不予接受。

（3）债权申报是债权人参加破产程序的必要条件。债权人申报债权并经确定后，即具有参加债权人会议的资格，并依法享有相应的程序权利。未申报的债权人，不得参加破产程序。

（4）申报债权必须符合法定的程序规范。我国《破产法》第56条规定："在人民法院确定的债权申报期限内，债权人未申报债权的，可以在破产财产最后分配前补充申报；但是，此前已进行的分配，不再对其补充分配。为审查和确认补充申报债权的费用，由补充申报人承担。债权人未依照本法规定申报债权的，不得依照本法规定的程序行使权利。"①

（二）债权申报的期限

关于债权申报期限，有法定主义和法院酌定主义两种立法例。多数国家采用酌定主义，即由法院根据具体情况加以确定。我国现行《破产法》采取的是法定主义和酌定主义相结合的立法体例。《破产法》第45条规定："人民法院受理破产申请后，应当确定债权人申报债权的期限。债权申报期限自人民法院发布受理破产申请公告之日起计算，最短不得少于三十日，最长不得超过三个月。"

（三）债权申报的范围

破产案件受理前成立的对债务人的债权，均为可申报债权。如债权在案件受理时未到期，则视为已到期。有财产担保的债权和无财产担保的债权，均应申报。附条件的债权，以该债权的全额行使权利。连带债权人可以由其中一人代表全体连带债权人申报债权，也可以各自申报债权。债务人的保证人及其他连带债务人，可以就其承担连带清偿义务而享有的追偿权向人民法院申报债权。

此外，还应注意到，债务人所欠职工的工资和医疗、伤残补助、抚恤费用，所欠的应当划入职工个人账户的基本养老保险、基本医疗保险费用以及法律、行政法规规定应当支付给职工的补偿金不必申报，由管理人调查后列出清单并予以公示。职工对清单记载有异议的，可以要求管理人更正；管理人不予更正的，职工可以向人民法院提起诉讼。

（四）接受债权申报的机关

各国立法对债权申报机关有不同的规定。有的国家规定债权申报机关为法院，如日本、美国等；有的国家规定向债权人代表申报债权，如法国八十五至九十八号法律第50条规定："自程序开始裁定公告之日起，除雇员外，所有持有程序开始前发生的债权的债权人均应向债权人代表申报他们的债权。"② 有的国家规定向破产管理人申报债权，如德国破产法第174条规定："破产债权人应向

---

① 王卫国：《破产法》，人民法院出版社1999年版，第75页。

② 李永军：《破产法律制度》，中国法制出版社2000年版，第191页。

破产管理人书面申报其债权。"① 债权人申报债权，应向法律规定的机关为之，否则不产生债权申报的效力。

我国《破产法（试行）》曾规定人民法院是接受债权申报的机关，而《破产法》将接受债权申报的机关改为管理人，该法第48条规定，"债权人应当在人民法院确定的债权申报期限内向管理人申报债权"，第57条规定，"管理人收到债权申报材料后，应当登记造册，对申报的债权进行审查，并编制债权表。债权表和债权申报材料由管理人保存，供利害关系人查阅"。

（五）债权申报的方式和内容

债权人申报债权有口头和书面两种方式。有的国家的破产法明确规定必须采取书面方式，如德国破产法第174条第1款规定："破产债权人应向破产管理人书面申报其债权。申报时应附上债权证明材料复印件。"② 我国《破产法》第49条明确规定："债权人申报债权时，应当书面说明债权的数额和有无财产担保，并提交有关证据。申报的债权是连带债权的，应当说明。"从上述规定可以看出，我国立法上采用的是书面形式。

关于债权申报的内容，各国立法大致相同，即要求申报债权人的姓名或名称、住址、债权的内容和原因、债权的性质，并提供相关证据。如前面提到的德国破产法第174条第1款规定："破产债权人应向破产管理人书面申报其债权。申报时应附上债权证明材料复印件。"③ 我国《破产法》第49条也作了类似的规定。依据《最高人民法院关于审理企业破产案件若干问题的规定》第21条："债权人申报债权应当提交债权证明和合法有效的身份证明；代理申报人应当提交委托人的有效身份证明、授权委托书和债权证明。申报的债权有财产担保的，应当提交证明财产担保的证据。"

---

① 刘汉富译：《德国破产法》，《商事法论集》（第5卷），法律出版社2000年版，第585页。

② 转引自赵旭东主编：《商法学教程》，中国政法大学出版社2004年版，第715页。

③ 转引自赵旭东主编：《商法学教程》，中国政法大学出版社2004年版，第715页。

（六）债权申报的效力

破产债权申报发生两个方面的效力：

1. 取得参加破产程序并行使权利的资格

债权人申报债权，是其参加破产程序的必要条件。未申报债权的债权人，不得参加破产程序。无论是无财产担保的债权，还是有财产担保的债权，都必须申报。所以，债权申报能使债权人参加到破产程序中来，并行使一定的权利，如表决权、依破产程序接受债权清偿的权利等。

2. 债权的诉讼时效因债权申报而中断

破产程序是一种概括执行程序。申报债权和提起诉讼具有相同的法律效果，都是债权人主张债权的表现。当事人主张权利是诉讼时效中断的当然原因，既然申报债权是债权人主张债权的表现，那么，其当然应该发生诉讼时效中断的法律效果。

（七）逾期申报债权的法律后果

对于债权人逾期申报债权的法律后果，各国立法和理论上有两种观点：一种观点认为，债权人逾期申报的，程序上的权利和实体上的权利均归于消灭。我国《破产法（试行）》即采纳此观点。该法第9条第2款规定："逾期未申报债权的，视为自动放弃债权。"另一种观点认为，债权人逾期申报仅发生不能参加破产程序这一后果，并不当然发生债权人实体权利丧失的法律后果。世界上绝大多数国家采用这一观点。我国《破产法》采取的也是这一观点。《破产法》第56条规定："在人民法院确定的债权申报期限内，债权人未申报债权的，可以在破产财产最后分配前补充申报；但是，此前已进行的分配，不再对其补充分配。为审查和确认补充申报债权的费用，由补充申报人承担。"根据这一规定，我们可以看出，第一，逾期申报时，债权人丧失依破产程序获得清偿的资格，但该债权人的民事权利并不因此消灭；第二，在人民法院确定的债权申报期限内，债权人没有申报债权的，可在破产财产最后分配前补充申报；但是，此前已进行的分配，不再对其补充分配。第三，为审查和确认补充申报债权所需的费用，由补充申报人承担。

我国《破产法》之所以如此规定，主要是为了更好地保护债权人的利益。因为破产程序是一种概括执行程序，破产程序终结后，当事人之间所有的债权债务均归于消灭。倘若因一些客观原因导致债权人不能按期申报债权，此时若仍然规定逾期申报不能参与破产财产的分配，这对债权人显然是不公平的，所以，法律应当考虑给予债权人补充申报的权利。

二、破产债权的确认

破产债权确认的含义应有广义和狭义之分。广义破产债权的确认包括整个破产债权的确认过程，指的是债权人通过破产程序向有权的主体（管理人）申报债权，由有权的主体对债权进行登记并审查，确认债权之有无、性质及数额的法律行为。狭义破产债权的确认仅仅是指有权的主体依法对破产债权之有无、性质与数额予以确定和认可的行为。这里的破产债权确认主要指的是狭义上的含义。从我国《破产法》第 57 条和第 58 条的规定来看，破产债权的确认主要包含以下内容：

（一）破产债权的审查

根据《破产法》第 57 条之规定，管理人在收到债权人的债权申报材料后，应当登记造册，对申报的债权进行审查，并编制债权表。可见，债权申报后，首先要接受管理人的审查。需要指出的是，管理人对破产债权的审查应当是一种形式上的审查，即主要审查债权申报材料的真实性以及申报材料是否符合法律规定的形式要件，管理人无权对债权进行实质性审查。

（二）债权的核查

依照《破产法》第 58 条第 1 款之规定，管理人编制的债权表应当提交第一次债权人会议核查。可见，对债权核查的权利应当属于债权人会议。《破产法》第 61 条规定的债权人会议的首要职权便是核查债权，这里的核查实际上是一种实质审查。前已述及，管理人的审查主要是一种形式审查，其无权也不可能对债权进行实质审查。在法院召集的第一次债权人会议上，债务人对于债权人申报债权的真实性，债权人对于其他债权人申报债权的真实性，可以展开相互的质询和辩驳，这有利于债权人会议更好地审查申报债权的真实性。

（三）债权确认

《破产法》第58条第2款规定："债务人、债权人对债权表记载的债权无异议的，由人民法院裁定确认。"从该规定可以看出，第一，债权确认的主体是人民法院；第二，人民法院确认债权的前提是债务人、债权人对于债权表记载的债权无异议。

（四）异议债权的处理

《破产法》第58条第3款规定："债务人、债权人对债权表记载的债权有异议的，可以向受理破产申请的人民法院提起诉讼。"我国《破产法》作如此规定应该是合理的。首先，破产程序是一种非诉程序，而对债权有异议实际上是实体权利上的争议，对于实体权利上的争议应当通过诉讼程序解决；其次，如果依照破产程序一次裁定即可确定债权，这对于当事人极为不公平。因为，同属于债权债务争议，如果按照普通民事诉讼解决，当事人不但有两审终审的权利，而且还有一系列的诉讼权利。

第四节　未到期破产债权的清偿

一、未到期破产债权的处理

未到期破产债权，是指成立于破产程序启动之前，原定于破产申请受理之后确定期到来之时受偿的债权。简言之，是债权人对债务人享有的未到履行期的债权。对未到期的债权，各国破产法均规定，在破产申请受理时视为已到期。因为，在破产宣告之后，若要求债权人在债权到期后才能行使受偿权利，往往破产人的财产已被分配殆尽，无法再获清偿，这对债权人显然不公平。我国《破产法》第46条规定，对未到期的债权，在破产申请受理时视为已到期。

对于未到期债权，可以分为有利息债权和无利息债权两大类。其中，有利息债权又有附利息债权和不附利息债权之分。其中，有利息债权是指债权中明确约定有本金和利息的债权；不附利息债权并不等于"无利息债权"，只不过是债权中没有明确约定本金和利率的数额，仅规定到期应当偿还总额。而"无利息债权"才是不需要支付利息的债权。

对于附利息债权，依照《破产法》第 46 条之规定，只要将本金加上至破产申请受理时的利息即可。对于"无利息债权"，虽然《破产法》对此没有明确规定，学界"无利息债权"是否需要扣除利息也有一定争议，但多数学者还是倾向于"无利息债权"不存在扣除利息的问题。① 对于不附利息债权如何处理，则是一个比较复杂的问题。

二、未到期不附利息破产债权的处理

前已述及，未到期不附利息债权并不是"无利息债权"，因破产程序的启动，未到期不附利息债权视为已到期债权受偿。但是，因不附利息债权仅仅约定有债权总额而没有约定本金及利息，如果按照债权总额受偿，实际上使债权人获得了提前清偿期间的利息，对债权人而言，实为不当得利，对其他债权人也显然不公。因此，需要对提前支付期间的利息予以扣除。但是，对于提前支付期间的利息如何扣除，理论上争议颇大。从德国破产法理论来看，主要有三种计算方式：卡尔普佐夫公式、莱布尼智公式、霍夫曼公式。

（1）卡尔普佐夫公式：破产债权额＝名义债额－名义债额×法定年利率×未到期年数。

这一公式虽然计算比较简便，但却不够合理，尤其是对宣告破产时距原定清偿期限时间越长的债权，其不合理性就越加明显，甚至有可能出现负数。这一公式的错误之处，在于把名义债额当做了扣除利息的计算基数，基数过大则造成扣息过多。不附利息的未到期债权，虽然仅规定到期应偿还的名义债额，但实质上仍是一定数额的本金与利息之和，只不过在设定债务关系时，双方为求计算方

---

① 参见王欣新：《破产法》（第 3 版），中国人民大学出版社 2011 年版，第 161~164 页；李国光主编：《新企业破产法教程》，人民法院出版社 2006 年版，第 232 页。

便，不再对之进行具体规定。在债务关系中，无论是支付利息还是扣除利息，都应当以借贷本金为计算基数，而不能以到期后应偿还的、已将全部利息包括在内的名义债额作为基数，否则，必然会出现利息扣除过多，甚至超过名义债额的荒诞现象。①

（2）莱布尼智公式：破产债权额＝名义债额÷（1＋法定年利率）的 N 次方（其中 N＝未到期年数）。

这种计算方法以复利计算为基础。但是，由于计算方法较为复杂，而且现代国家一般不允许复利产生，所以，该公式实际适用并不广泛。②

（3）霍夫曼公式：破产债权额＝名义债额÷（1＋法定年利率×未到期年数）。

此公式是由后面这一公式简化而来，破产债权额＝名义债额－破产债权额×法定年利率×未到期年数（此乘积为应扣除的利息额）。应当说，与前述卡尔普佐夫公式相比，这一公式已较为合理，但仍不够准确。因为它是以破产债权额作为扣息的基数，但破产债权额实际上仍是债务本金与本金至破产宣告时已取得的利息之和，而在单利制下，扣息应当仅以债务本金为基数，所以，此公式仍有基数不当，扣息过多，不公正地损害债权人利益的失误之处。③

由于我国法律对不附利息的未到期债权的扣息方法未作规定，学者间观点各异，所以在实践中难免做法不一。有的学者认为，应当参照票据贴现处理。④ 但也有学者认为，对于未到期不附利息债权的处理关键是要合理推算出本金，因为，先通过本金依据法定利率推算出应该扣除的利息，然后用名义债权额扣减应当扣除的利息，即为破产债权额。即要计算出不附利息债权债务本金的数额，

---

①　王欣新：《破产法》（第 3 版），中国人民大学出版社 2011 年版，第 160 页。

②　王欣新：《破产法专题研究》，法律出版社 2002 年版，第 181 页。

③　王欣新：《破产法》（第 3 版），中国人民大学出版社 2011 年版，第 160 页。

④　柴发邦主编：《破产法教程》，法律出版社 1990 年版，第 153 页。

以作扣息计算的基数。其公式为：债务本金＝名义债额－债务本金×
法定年利率×原定清偿期限（前式）；破产债权额＝名义债额－债务
本金×法定年利率×未到期年数（此乘积为应扣除的利息额）（后
式）；将前式代入后式合并简化后，整个扣息公式应为：破产债权
额＝名义债额×｛［1＋法定年利率×（原定偿还年限－未到期年
数）］÷（1＋法定年利率×原定偿还年限）｝。[①] 因不附利息未到
期破产债权的扣息与对票据贴现的扣息，两者的法律关系、计息与
扣息的方法均不相同，不宜替代适用。后一种方法无疑更为合理。
但是，后一种方法实践操作比较复杂，不便记忆，这也是难以克服
的缺陷。

第五节　不确定破产债权的处理

一、不确定债权概述

不确定债权也称或然债权，是指在破产申请受理时，债权是否
能够实现还处于一种不确定的状态。从我国《破产法》的规定来
看，不确定债权主要包括附期限债权、附条件债权以及诉讼、仲裁
未决债权。在正常情况下，若债权是否实现还处于不确定的状态，
债权人此时是不能要求实现债权的。但破产程序是一种概括执行程
序，若等债权实现的条件已经具备或者期限到来才允许债权人主张
债权的话，很有可能等债权人主张权利时，债务人因破产程序终结
而无任何财产可供执行，这对债权人显然不公平。因此，《破产
法》规定，对于不确定的债权，债权人也可以申报债权，主动参
加到破产程序中来，以期更好地维护自身的利益。

二、附条件债权的处理

附条件债权是指当事人约定以将来某种事实是否发生作为债权

---

① 王欣新：《破产法》（第 3 版），中国人民大学出版社 2011 年版，第
161 页。

生效或者失效的条件。附条件的债权根据所附条件的不同，可分为附停止条件的债权和附解除条件的债权两种。因破产债权只以债权在进入破产程序之前成立为必要，并不考虑债权人是否能够有效行使债权，所以，各国立法大多将此种债权纳入破产债权的范围。但由于附条件债权在债权人进入破产程序后，条件成就与否，债权是否可以生效或继续有效具有不确定性，因此，附条件债权的受偿地位应与其他债权有所区别。对此，各国立法规定不一。我国《破产法》第117条规定："对于附生效条件或者解除条件的债权，管理人应当将其分配额提存。管理人依照前款规定提存的分配额，在最后分配公告日，生效条件未成就或者解除条件成就的，应当分配给其他债权人；在最后分配公告日，生效条件成就或者解除条件未成就的，应当交付给债权人。"

三、附期限的债权

附期限的债权，是指以未来将要发生的事实的到来作为决定债权发生或消灭条件的债权。附期限的债权可分为附生效期限债权和附终止期限债权两种。附终止期限债权在债权人进入破产程序后已经生效；附生效期限债权虽在此时还未生效，但因其所附期限是确定会到来的，所以，该种债权比附条件债权更为确定，更应将其归入破产债权。况且，破产程序开始后，所有未到期的债权均视为到期，如将附生效期限债权排除在破产债权之外，将使债权人失去受偿的机会，有违公平。

四、诉讼、仲裁未决债权的处理

所谓诉讼、仲裁未决债权是指破产程序启动后，正在诉讼或者仲裁中而诉讼或仲裁机构没有作出判决或裁决的债权。我国《破产法》第20条规定："人民法院受理破产申请后，已经开始而尚未终结的有关债务人的民事诉讼或者仲裁应当中止；在管理人接管债务人的财产后，该诉讼或者仲裁继续进行。"该诉讼或者仲裁虽然可以继续进行，但是，等到诉讼或者仲裁对债权作出判决或者裁决时，债务人破产清算已经完毕，债权人则无财产受偿，这样一来，对债权人显然不公平。为更好地维护债权人的合法权益，《破产法》第47条规定，诉讼、仲裁未决的债权可以申报。因该债权是不确定债权，所以我国《破产法》第119条规定，对于诉讼或仲裁未决的债权，破产分配时管理人应当将其份额提存。自破产程序终结之日起满两年仍不能受领分配的，人民法院应将提存的份额分配给其他债权人。

第六节　破产程序中的连带债务问题

对连带债务关系在破产程序中的处理方法，与债务人处于正常清偿能力状况时有一定区别，影响到各方当事人的权益，是破产程序中应特别注意的一个复杂问题。连带债务问题主要涉及三个方面的问题：一是债权人对连带债务人的债权的处理；二是连带债务人求偿权的处理；三是债务人的连带债权人之间关系的处理。下面对此分别论述。

一、债权人对连带债务人的债权的处理

根据民法原理，连带债务人对债权人均有全部清偿的义务，债权人有权要求任何连带债务人清偿全部债务。在负有连带义务的债务人全体或数人被宣告破产时，破产债权人如何实现其债权，这个问题在破产法的实践中具有重要意义。许多国家的破产法都规定，当负有连带义务的债务人全体或数人破产时，债权人可以将债权总额作为破产债权，同时或先后分别向每个破产人要求清偿，但其获得清偿的总数不得超过债权总额。如日本、德国的破产法都有此类规定。[1] 不过，对债权总额的范围，各国立法规定不一。如瑞士破产法第217条规定，不管债权的某部分是否已消灭，均以成立时的债权总额作为破产债权的数额。此种立法亦称为成立时债权额主义。法国商法第542条规定，成立当时的债权额扣除自愿清偿而消灭的数额，余下的数额为破产债权的数额。此种立法亦称为自愿清

---

[1]　王保树主编：《商法》，北京大学出版社2011年版，第252页。

偿扣除额主义。德国破产法第 68 条规定，不问消灭原因，仅以破产宣告当时的现存数额为破产债权的数额。此种立法亦称为宣告时现存额主义。①

对此问题，我国《破产法》第 52 条规定："连带债务人数人被裁定适用本法规定的程序的，其债权人有权就全部债权分别在各破产案件中申报债权。"问题是，这里的"全部债权"到底是成立时的债权，还是扣除自愿清偿后的债权，或者是破产申请受理时的债权呢？虽然《破产法》对此问题没有明确界定，但是，从《破产法》的立法精神上看，这里的"全部债权"应理解为成立时的全部债权，因为成立时债权额主义更有利于维护债权人的利益。虽然在破产宣告前各连带债务人已作部分清偿，但只要未全部还清，就仍以设立数额而不是破产宣告时的实际清偿余额为破产债权，以彻底实现对全部债务的连带清偿责任。

二、连带债务人求偿权的处理

从民法角度讲，对外而言，每一连带债务人均有清偿全部债务的义务；对内而言，每一连带债务人之间又是按份之债的关系，当连带债务人清偿债务超过其应承担的份额时，有权就超过的部分向其他连带债务人追偿。正常情况下，只有当债务人于履行清偿连带债务的义务后才产生。但是，当连带债务人中有一人或数人被宣告破产时，就必须允许未破产的其他连带债务人在履行连带债务之前提前行使代位求偿权。因为，在债权人没有向进入破产程序的债务人申报债权时，其他连带债务人肯定有可能代其清偿。如果在通常情况下，代偿以后才能追偿的话，结果很可能是，破产人的财产已经分配完毕，其他连带债务人即使将来代其清偿之后也无法再向其索偿。所以，法律规定，允许其他连带债务人以破产人在连带债务中应承担的份额作为破产债权，预先加入破产程序行使权利。

我国《破产法》第 51 条规定："债务人的保证人或者其他连

---

① 转引自王欣新：《破产法》(第 3 版)，中国人民大学出版社 2011 年版，第 165 页。

带债务人已经代替债务人清偿债务的，以其对债务人的求偿权申报债权。债务人的保证人或者其他连带债务人尚未代替债务人清偿债务的，以其对债务人的将来求偿权申报债权。但是，债权人已经向管理人申报全部债权的除外。"从《破产法》第51条的规定来看，该条实际上规定了两种求偿权的行使：一种是现实求偿权的行使。即债务人的保证人或者其他连带债务人在已经代替债务人清偿债务的情况下，有权将现实的求偿权作为债权申报；另一种是将来求偿权的行使。即在债权人未向债务人申报全部债权的情况下，虽然债务人的保证人或者其他连带债务人尚未代替债务人清偿债务，但可以以其对债务人的将来求偿权申报债权。《破产法》之所以规定将将来求偿权作为债权申报，主要是考虑到，在债权人未向债务人申报全部债权的情况下，债务人一旦破产清算完毕，其他连带债务人有代为清偿之可能，但是，若等到代为清偿后再行使追偿权，其他连带债务人往往无行使追偿权之可能，这对其他连带债务人显然不公平。所以，为公平起见，《破产法》赋予其预先行使追偿权的权利。但是，如果债权人已经向债务人申报了全部债权，就不会发生将来求偿权的问题。因为，既然债权人已经向债务人申报了全部债权，也即意味着，债务人已经以其全部财产清偿债务，对债务人的追偿权也就无从谈起。

三、债务人的连带债权人之间关系的处理

从民法原理上来讲，任何一连带债权人均有权要求债务人对其清偿全部债权。《破产法》第50条规定："连带债权人可以由其中一人代表全体连带债权人申报债权，也可以共同申报债权。"《破产法》作出该规定，主要是为了防止各连带债权人分别以全部债权额申报债权，产生实际获得清偿数额超过应受清偿数额的情形。为保证《破产法》第50条的规定落到实处，《破产法》第49条同时规定，申报连带债权的，应当说明。将《破产法》第49条和第50条结合起来理解，可以得出这样的结论：连带债权人可以派一代表申报债权，也可共同申报，但不能单个分别向管理人申报。

第七节　破产程序中的保证责任问题

一、债务人破产时的保证责任问题

（一）保证债务已到期

根据《中华人民共和国担保法》（以下简称《担保法》）的规定，担保分为一般保证和连带保证。对于连带保证中债务人破产的问题，可适用破产程序中连带债务问题的有关处理方法，在此不再赘述。在一般保证中，因债务人破产而使得保证人追偿权的行使和一般情况下有所不同。一般情况下，负补充责任的保证人原可享有先诉抗辩权，但依据《担保法》第17条第3款第2项规定，"人民法院受理债务人破产案件，中止执行程序的"，保证人不得行使先诉抗辩权。据此，债权人便有权直接向负补充责任的保证人追偿。根据《最高人民法院关于适用〈中华人民共和国担保法〉若干问题的解释》第44条之规定，如债权人先向债务人追偿，申报债权后在破产程序中未受清偿的部分，保证人仍应当承担保证责任。债权人要求保证人承担保证责任的，应当在破产程序终结后6个月内提出。可见，在债务人破产的情况下，债权人既可以向债务人主张债权，也可直接向保证人主张。

在债权人不申报破产债权的情况下，为公平维护保证人的合法权利，《担保法》第32条规定，人民法院受理债务人破产案件后，债权人未申报债权的，保证人可以申报债权，参加破产财产分配，预先行使追偿权。在此，保证的主债务是否到期，不影响保证人预先追偿权的行使，同时《最高人民法院关于适用〈中华人民共和国担保法〉若干问题的解释》第45条规定："债权人知道或者应当知道债务人破产，既未申报债权也未通知保证人，致使保证人不能预先行使追偿权的，保证人在该债权在破产程序中可能受偿的范围内免除保证责任。"上述法律以及有关司法解释表明，保证人只是在债权人未申报债权的情形下方有权参加破产财产分配，预先行使追偿权，所以，在债权人已参加破产分配的情况下，就未予清偿

87

债务余额向保证人追偿的，保证人在履行保证责任后，便不应再享有对债务人（破产人）的代位追偿权了。

（二）保证债务尚未到期

根据《破产法》第 46 条的规定，未到期的债权，在破产申请受理时视为到期，只不过是利息停止计算而已。在债务人负有清偿义务的问题上是不存在争议的，但问题是对保证人是否也应提前履行保证责任，法律未作规定。学界对此问题有两种观点：一种观点认为，在保证人未同意的情况下，对原已规定清偿期限的债务并无提前承担保证责任的义务。保证人享有合同规定的期限利益，不因债务人的破产而被剥夺，债权人须在原合同规定的清偿期限届满后才有权向保证人追偿。另一种观点认为，因破产宣告而使债务提前履行属法定原因所致，担保合同属从合同，在主合同因法定原因而提前履行时，从合同的保证人也应提前履行保证责任，故债权人在破产宣告后便有权立刻向保证人直接追偿。① 既然《破产法》第46 条规定，未到期的债权，在破产申请受理时视为到期，那么，未到期债权应当和已到期债权一样处理，保证人的期限利益因法定原因的出现而丧失。

二、保证人破产时的保证责任问题

对于连带保证中保证人破产的，根据《破产法》第 52 条之规定，连带债务人数人被裁定适用破产程序的，其债权人有权就全部债权分别在各破产案件中申报债权。对于已经到期的债权中保证人破产的，债权人既可以向保证人主张，也可以向主债务人主张，已无争议。但对于未到期的债权中保证人破产的，主债务人是否享有期限利益呢？本书认为，此时债权人可预先要求保证人承担保证责任，对于保证人清偿不足部分在债权到期时再向主债务人主张，这样既不至于使保证责任落空，也不至于有损主债务人的期限利益。

对于一般保证中保证人破产，需要讨论两个问题，一是保证人

---

① 转引自贾林青、昌孝润主编：《中国企业兼并与破产的法律规制研究》，知识产权出版社 2007 年版，第 386 页。

此时是否还有先诉抗辩权？另一个问题是，未到期债权中保证人和主债务人是否均享有期限利益？对于第一个问题，本书认为，如果此时保证人仍然享有先诉抗辩权的话，等债权人先起诉主债务人后再向保证人主张，保证人已经清算完毕，这样有可能将保证责任架空，这显然和保证设立的目的不符，不利于保护债权人的利益。此时，应参照《破产法》第46条的规定，未到期的债权，在破产申请受理时视为到期，取消保证人的先诉抗辩权。对于第二个问题，本书认为，未到期债权中的保证人此时不享有期限利益，但主债务人仍然应当享有，因为保证人破产的效力不应及于主债务人。

三、债务人与保证人同时破产时的保证责任问题

对于连带保证中债务人与保证人同时破产的问题，在破产程序中的连带债务问题中已有述及，在此不再赘述。

对于一般保证中债务人与保证人同时破产的情形中，要注意两个问题：首先，负补充责任的保证人的先诉抗辩权应依法取消。若不取消保证人的先诉抗辩权，将会导致保证责任不当免除的结果，所以，债权人可以向保证人和主债务人同时申报债权。其次，负补充责任的保证人承担责任的数额应当是从主债务人处未获得清偿部分乘以清偿比例，而不是以全部债权作为清偿基数，否则便会不当扩大责任范围，使保证人的补充责任变成连带责任。①

---

① 参见王欣新：《破产法》(第3版)，中国人民大学出版社2011年版，第172页。

第七章　破产费用与共益债务

第一节　破　产　费　用

一、破产费用的含义和成立条件

我国《破产法》第41条规定："人民法院受理破产申请后发生的下列费用，为破产费用：（一）破产案件的诉讼费用；（二）管理、变价和分配债务人财产的费用；（三）管理人执行职务的费用、报酬和聘用工作人员的费用。"从以上规定可以看出，破产费用是指人民法院受理破产案件后，为保障破产程序顺利进行，在破产程序中所必须支出的各项费用的总和。

要构成破产费用必须具备以下几个条件：

1. 目的条件：为了保障破产程序的顺利进行

从《破产法》第41条的规定来看，该条所列举的费用都是为了保障破产程序的顺利进行。另外，从《破产法》第43条的规定来看，破产费用由债务人财产随时清偿。这一规定也体现了破产费用为保障破产程序顺利进行这一特点。

2. 时间条件：发生在破产程序中

这是破产费用的时间界限，即破产费用应该是发生在破产案件受理后至破产程序终结前。但是，必须指出的是，这仅仅是一般情况下的时间条件，特殊情况下有可能在破产程序终结后。为追收债务人财产而支出的费用，同样是为全体债权人的利益而支出的，也应当纳入破产费用的范围。

3. 实质条件：必须是为了全体债权人的利益而支出

破产程序的目的是为了使全体债权人按清偿比例公平受偿，而为了保证全体债权人的公平受偿，这必然会产生一定的管理费用和诉讼费用，这些费用显然是为了全体债权人的利益而支出的。如果仅仅是为了个别或者部分债权人的利益而支出的费用显然不能认定为破产费用。

二、破产费用的范围

（一）破产案件的诉讼费用

有关破产案件的诉讼费用，包括破产案件本身的受理费和其他诉讼费用；清算组为收取债权或行使追回权，或为全体债权人利益而对他人提起诉讼、申请仲裁及进行其他法律程序所支付的费用；他人以破产企业或破产财团为被告而提起的诉讼；清算组以破产财团名义应诉所支付的各项费用。需要指出的是，根据 2007 年《诉讼费用交纳办法》的规定，破产案件，依据破产财产总额计算，按照财产案件受理费标准减半交纳，但是最高不超过 30 万元。

（二）破产财团的管理、变卖和分配所需的费用

该费用具体包括因管理而支付的仓储费、运输费、保险费等；因变卖而支付的鉴定费、评估费、拍卖费等；因分配而支付的公告费、送达邮费、权属变更费用等。

（三）管理人员执行职务的费用、报酬和聘用工作人员的费用

（1）管理人员执行职务的费用。管理人员在执行职务的过程中必不可少地会产生一些费用，这些费用的产生是为了全体债权人的利益，因此，其应当纳入破产费用的范围。例如，管理人员执行职务所产生的差旅费、通信费、复印费等。需要说明的是，清算组工作人员的报酬或费用有时和前文所提的破产财团的管理、变卖和分配所需的费用不好区分。两者除了所指的范围不同外，另一个区别就是，管理人员执行职务的费用是直接支付给管理人的，而破产财团的管理、变卖和分配所需的费用则不是支付给管理人的。

（2）管理人员执行职务的报酬。管理人在执行职务的过程中付出了劳动，其当然应具有获得报酬的权利，而且其职务行为是为

了全体债权人的利益，因此，管理人员执行职务的报酬应当属于破产费用。依据《破产法》的规定，管理人的报酬由最高人民法院规定。

（3）聘用工作人员的费用。有些情况下，仅凭管理人还不足以保证破产程序的顺利进行，所以，《破产法》第 28 条规定，经人民法院许可，可以聘用必要的工作人员，这样就必然涉及聘用人员的报酬问题。经人民法院许可而聘用的人员的费用可以纳入破产费用。

第二节　共 益 债 务

一、共益债务的含义和成立条件

所谓共益债务，是指在破产案件受理后，管理人为全体债权人利益或为破产程序进行之必需所产生的债务以及因债务人财产而产生的有关债务。大陆法系中有的国家将破产费用和共益债务统称为财团债权或者财团债务。例如，日本破产法就是将破产费用和共益债务统称为财团债权。德国破产法将破产费用和共益债务统称为财团债务。其中将破产费用称为破产程序费用；将共益债务称为其他财团债务。[1]

世界上绝大多数国家对共益债务的规定采取的是列举式，我国《破产法》第 42 条采取的也是列举的方式。从其列举的情形来看，构成共益债务必须具备以下条件：第一，该债务是发生在人民法院受理破产案件之后。只有当人民法院受理破产案件并指定管理人之后，管理人才能对债务人财产进行必要的管理。第二，该债务应该和债务人财产有密切的关系。

---

① 不能当然地认为，我国《破产法》上的破产费用、共益债务分别等于德国破产法上的破产程序费用和其他财团债务，他们只是大体相当，实际范围并不完全相同。详见德国破产法第 54 条、第 55 条之规定。

二、共益债务的范围

根据《破产法》第 42 条的规定，共益债务具体包含以下几个方面的内容：

（一）因管理人或债务人请求对方当事人履行双方均未履行完毕的合同所产生的债务

根据《破产法》的规定，人民法院受理破产案件申请后，对于破产申请受理前成立的债务人和对方当事人均未履行完毕的合同，管理人有权决定解除或继续履行，当管理人决定继续履行时，对方当事人应当继续履行。依据《破产法》第 42 条第 1 项的规定，如果管理人或者债务人决定继续履行合同时，在对方履行的情况下，债务人企业也应当履行，由此而产生的新的债务即属于共益债务。

（二）债务人财产受无因管理所产生的债务

所谓无因管理是指没有法定或者约定的义务，为避免他人利益受损，而自愿管理他人事务的行为。破产申请受理后，无因管理人为避免债务人利益受损的行为显然是对全体债权人有益的行为，无因管理人因此而支出的必要的管理费用显然应当作为共益债务处理，这才符合民法的公平正义。

（三）因债务人不当得利所产生的债务

破产企业无法律上的原因获得利益而致他人受损时，应将该不当得利返还给受损人。破产程序开始后，债务人的不当得利显然会使全体债务人受益，因此而产生的债务当然属于共益债务。该不当得利也必须发生在破产程序开始后才能列为共益债务，若发生在破产程序开始前，只能作为一般破产债权。

（四）为债务人继续营业而应支付的劳动报酬、社会保险费用以及由此产生的其他债务

管理人决定债务人营业的目的是为了使债务人财产保值或者增值，管理人决定继续营业，就有可能要聘用人员，按照劳动法的规定就涉及所聘人员的工资以及社会保险费等问题。这些费用的支出是为了使债权人有更多的财产受偿，因此而产生的债务当然属于共

益债务。需要提出的是，这里的"其他债务"如何理解，仅仅是指劳动债务，还是并非仅指劳动债务，只要与营业行为有关的债务均属于共益债务？例如，债务人继续营业期间的水电费算不算共益债务？① 本书认为，"其他债务"应当仅指劳动债务。如果只要与营业行为有关的债务均属于共益债务，那么，此条直接表述为"为债务人继续营业而产生的债务"即可，立法机关在前面加上"劳动报酬和社会保险费用"岂不是多此一举？而且如果认为只要与营业行为有关的债务均属于共益债务，将会导致此处共益债务与《破产法》第41条第2项债务人财产受无因管理所产生的债务难以区分。

（五）管理人或者相关人员执行职务致人损害所产生的债务

破产程序开始后的管理人或者相关人员的职务行为应当是为全体债权人的利益服务的，其职务行为所产生的债务当然属于共益债务。

（六）债务人财产致人损害所产生的债务

破产程序开始后，债务人财产应当是为全体债权人的利益而存在，债务人财产所产生的损害当然属于共益债务。

第三节　破产费用和共益债务的清偿

一、随时清偿

破产费用和共益债务都是为了全体债权人的利益而发生的，同时为了保证破产程序的顺利进行，各国法律一般都规定，破产费用和共益债务可以从破产财产中随时支付，而不受破产程序的限制。也就是说，破产财产分配前，应当先行清偿所有的破产费用和共益债务或者作必要的预先提留；拨付破产费用和共益债务后尚有剩余财产的，才可依据破产财产分配方案予以分配。实践中，有的破产

---

① 李国光主编：《新企业破产法教程》，人民法院出版社2006年版，第204页。

费用和共益债务是在发生时随时予以支付，有的是在债务人财产分配时预先予以扣除。

二、破产费用优先

虽然《破产法》规定了破产费用和共益债务随时清偿，但是，当破产财产不足以清偿破产费用和共益债务时，是破产费用和共益债务平等受偿还是谁优先受偿，这是法律必须考虑的问题，否则，会产生不同的清偿后果。

美国、日本等国家实行不加区分的平等清偿主义，即不考虑破产费用和共益债务的种类及发生的先后顺序，当破产财产不足以清偿时，按比例清偿。我国台湾地区有些学者认为，破产费用和共益债务在受偿时没有先后之别，原则上应当依从"先发生者，先受清偿"，"后发生者，后受清偿"，"同时发生者，同时受清偿"。[1]而德国则实行有区别的顺序清偿主义，德国破产法规定了破产费用优先于共益债务而受清偿。[2]

我国《破产法》对该问题作出了和德国破产法一致的规定，即债务人的财产不足以清偿所有破产费用和共益债务的，先行清偿破产费用。我国《破产法》的规定是合理的。之所以破产费用优先于共益债务清偿，一个根本的原因在于，破产费用影响破产程序的顺利进行，而共益债务主要是影响债权人受偿的多少。一般情况下，如果连必要的破产费用都无力支付，往往会导致破产程序无法进行，而无力支付共益债务并不必然导致破产程序终结。可以这样认为，破产费用对破产程序产生质的影响，而共益债务对破产程序只是产生量的影响，因此，破产费用优于共益债务受偿。

---

① 柴启辰：《破产法新论》，中国台湾宏律出版社 1982 年版，第 168 页。转引自邹海林：《破产程序和破产法实体制度比较研究》，法律出版社 1995 年版，第 361 页。

② 赵旭东主编：《商法学教程》，中国政法大学出版社 2004 年版，第 711 页。

三、按比例清偿

我国现行《破产法》第 43 条第 3 项规定："债务人财产不足以清偿所有破产费用或者共益债务的，按照比例清偿。"对此规定如何理解呢？此处的按比例清偿包含以下几种情形：一是债务人财产不足以清偿破产费用。因破产费用优先于共益债务受偿，所以，当债务人财产不足以清偿破产费用时，只发生破产费用的债权人比例受偿的问题，不发生共益债务比例受偿债的问题；二是债务人财产在清偿破产费用后还有剩余，但剩余部分不足以清偿共益债务。此时不存在破产费用的债权人比例受偿的问题，而发生共益债务比例受偿债的问题。

四、债务人财产不足以支付破产费用时的处理

破产程序因破产财团财产的不足而终结，是各国破产立法的通例。我国《破产法》规定，破产财产不足以清偿破产费用的，管理人应当提请人民法院终结破产程序。人民法院应自收到请求之日起 15 日内裁定终结破产程序，并予以公告。破产费用应当在破产分配实施之前从破产财产中优先拨付。如果破产财产的数额不足以支付破产费用，破产债权人的债权就根本不可能再从破产财产中得到任何分配。此时，破产程序继续进行既不可能，也无实益。从维护债权人利益，维护社会公益和节省法院财力、人力的角度考虑，法院理当裁定终结破产程序。①

---

① 王欣新：《破产法》(第 3 版)，中国人民大学出版社 2011 年版，第234 页。

第八章 法律责任

第一节 破产法律责任概说

一、破产法律责任的概念

破产法律责任是为维护破产法律秩序，遏制破产违法行为而由法律设立的制裁机制。所谓破产法律秩序，是指破产法所要求和保障的公平清偿秩序、权利保障秩序和其他社会经济秩序。所谓破产违法行为，是指妨害公平清偿，损害当事人尤其是债权人合法权益和妨碍社会经济秩序的行为。对破产违法行为的制裁，包括程序上的强制措施和刑事处罚，这在破产法历史上由来已久。现代各国的立法趋势，是强化对破产违法行为的制裁，无论有关的制裁条款是规定在破产法之内，还是在破产法之外。

二、破产法律责任的意义

（1）惩罚破产违法和破产犯罪行为的功能。破产法律责任的惩罚功能，就是惩罚实施破产违法和破产犯罪行为的人，维护社会安全与秩序。在破产实践中，侵害、纠纷、争议和冲突在所难免。以公共权力为后盾，由公民个人或国家机关根据法律程序要求行为人承担不利的法律后果，以此惩罚违法侵权者和违法人，从而以文明的方式平息纠纷和冲突，维护社会安全和秩序，从这一意义上，我们可以说法律责任的惩罚功能是法律责任的首要功能。惩罚的主要目的就是威慑实施破产违法行为的人，并向个人提供一个遵循法律规则的动力，它就像一柄"达摩克利斯之剑"起着不容忽视的震慑作用。

（2）救济破产法律关系主体受到的损失，恢复受侵犯的权利，其中的损失和受侵犯的权利在现阶段主要是债权人和国有资产的权利。破产法律责任通过设定一定的财产责任，赔偿或补偿在这一法律关系中受侵犯的权利或者在这一法律关系中受损失的利益，把物或人尽可能恢复到破产违法行为发生前的状态。对破产责任进行救济的主要方式是财产责任，但不排除其他方式，如精神责任（像训诫、降职）、人身责任（像拘留、有期徒刑）。

（3）教育破产违法者和其他社会成员，预防破产违法犯罪。破产法律责任的预防功能，就是通过设定严格的破产法律责任制度，使破产违法犯罪行为必须承担不利的法律后果，表明社会和国家对这些行为的否定态度。这不仅对破产违法犯罪者具有教育、震慑作用，而且也可以教育其他社会成员依法办事，不实施有违破产法律、法规的行为。

第二节　破产违法行为

一、破产违法行为的概念

所谓破产违法行为，是指相关责任人员实施的妨害公平清偿秩序，损害当事人利益，尤其是债权人利益的行为。对破产违法行为的制裁，包括程序上的强制措施和刑事处罚。现代各国的立法趋势，是强化对破产违法行为的制裁，无论有关的制裁条款是规定在破产法之内，还是在破产法之外。

二、破产违法行为的类型

（一）妨碍破产程序的行为

1. 违反说明义务

该违法行为的主体须具备特定身份，即有义务列席债权人会议的债务人有关人员，具体来说就是企业的法定代表人、经法院决定的企业财务管理人员和其他经营管理人员。该行为在主观方面表现为故意，即明知有说明义务而拒不履行。在客观方面表现为两种行为：一是经法院传唤，无正当理由拒不到场列席债权人会议；二是拒不陈述、回答，或者作虚假陈述、回答。

2. 违反提交义务

该违法行为的主体为债务人。主观方面表现为故意。客观方面表现为两种行为：一是拒不向法院提交或提交不真实的财产状况说明书、债务清册、债权清册和有关财务会计报告以及职工工资的支付情况和社会保险费用缴纳情况；二是拒不向管理人移交财产和与财产有关的账簿、文件、资料、印章，或者伪造、销毁有关财产证据材料而使财产状况不明的。

3. 违反行动限制

该违法行为的主体系特定行动受到破产法限制的人员，即债务人的有关人员。主观方面须为故意。客观方面表现为，在破产程序进行期间，未经法院许可而擅自离开住所地。

4. 贿赂行为

贿赂包括行贿和受贿。行贿的主体包括破产案件当事人，但不限于当事人，案外人员出于帮助当事人的目的而行贿的，亦可构成行贿。行贿的对象为破产程序职能机构的人员，如管理人或其代理人。行为的主观方面表现为故意，客观方面表现为向破产程序职能机构人员提供金钱或其他不当利益，从而获取受贿人在行使权力过程中给予的私人回报。

至于受贿，行为主体即为行贿的行为对象，即破产程序职能机构的人员，如管理人。行为的主观方面表现为故意，客观方面表现为在执行破产事务的过程中，非法索取或者收受他人提供的金钱或其他不当利益，进而妨碍公平清偿的秩序，但该违法行为的构成并不以实际损害结果为要件。

5. 徇私舞弊与玩忽职守

这两种违法行为的主体均为破产程序职能机构的人员，如管理人。在主观方面，前者表现为故意，后者为过失或故意，即没有尽到保护当事人利益之应有注意。在客观方面，前者表现为利用职务的便利或地位，隐匿、转移财产获取不当利益；后者表现为没有按照职责要求行使职权，或行使职权违反了职责上的要求，给债权人、债务人或第三人造成经济损失，且该行为与损害后果之间有因果关系。

（二）损害利害关系人利益的行为

1. 破产渎职行为

该违法行为的主体须具备特定身份，即企业董事、经理等负责人。主观方面表现为重大过失或故意，即未尽到董事、经理等负责人应有的勤勉义务、忠实义务。客观方面表现为决策错误或失误，管理不善，造成企业严重亏损，进而破产倒闭。

2. 欺诈破产行为

该违法行为的主体为债务人，主观方面须为故意，客观方面表现为用隐瞒真实情况，或制造虚假情况等手段，实施某种物的处分行为或交易行为，导致债权人财产减少或负担增加，或者使得债务人财产情况不明，从而损害债权人利益。

3. 个别清偿行为

该违法行为的主体为债务人，主观方面表现为故意，客观方面表现为在破产案件受理前 6 个月内，已知其不能清偿到期债务，仍对个别债权人进行清偿，破坏集体受偿秩序，损害其他债权人的利益。

4. 浪费破产行为

该违法行为的主体也是债务人。主观方面系放任的故意，即已知或应当知道其不能清偿到期债务；客观方面表现为进行不合理的费用开支，或挥霍财产。

三、债务人的法律责任

（1）管理层造成企业破产的法律责任。为了强化对造成企业破产有过错的高管人员的责任追究，《破产法》第 125 条规定，"企业董事、监事或者高级管理人员违反忠实义务、勤勉义务，致使所在企业破产的，依法承担民事责任"。同时规定，此类人员自破产程序终结之日起 3 年内不得担任任何企业的董事、监事、高级管理人员。其中后一款规定为资格限制责任，是民事特别法对于自然人身份权的特别限制。《公司法》第 150 条也有类似规定。

（2）违反破产程序义务的法律责任。为了督促债务人的有关人员切实履行《破产法》第 15 条规定的相关义务，《破产法》第 126 条规定，有义务列席债权人会议的债务人的有关人员，经人民法院传唤，无正当理由拒不列席债权人会议的，人民法院可以拘传，并可处以罚款。债务人的有关人员违反破产法规定，拒不陈述、回答，或者作虚假陈述、回答的，人民法院可以处以罚款。《破产法》第 127 条规定，债务人违反《破产法》规定，拒不向人民法院提交或者提交不真实的财产状况说明、债务清册、债权清册、有关财务会计报告以及职工工资的支付情况和社会保险费用的缴纳情况的，人民法院可以对直接责任人员依法处以罚款。债务人违反《破产法》规定，拒不向管理人移交财产、印章和账簿、文书等资料的，或伪造、销毁有关财产证据材料而使财产状况不明的，人民法院可以对直接责任人员依法处以罚款。《破产法》第 129 条规定，债务人的有关人员违反《破产法》规定，擅自离开住所地的，人民法院可予以训诫、拘留，可以依法并处罚款。

（3）欺诈破产行为的法律责任。为了遏制各种欺诈破产行为，《破产法》第 128 条规定，债务人有《破产法》第 31、第 32、第 33 条规定的行为，损害债权人利益的，债务人的法定代表人和其他直接责任人员依法承担赔偿责任。

四、管理人的法律责任

为了规范管理人的行为，维护破产管理的公正和效率，《破产法》第 130 条规定，管理人未依照《破产法》规定勤勉尽责，忠实执行职务的，人民法院可以依法处以罚款；给债权人、债务人或者第三人造成损失的，依法承担赔偿责任。

第三节 破产犯罪行为

一、破产犯罪的概念

破产犯罪立法起源于古罗马法，公元前 5 世纪中叶的古罗马《十二铜表法》第 3 表规定了债务不能履行的处理办法：债务期满后，债务人不能清偿的，债权人把债务人押到法庭申请执行，若仍不能清偿，又无人为其担保的，债权人有权将债务人押回家中 60 天，拴住皮带或脚镣。在此期间，债务人仍可谋求和解，如不能和解，债权人可把债务人押到集市广场三次，高声宣传其所欠债务数额。若仍无人代为清偿或担保的，债权人可把债务人卖到悌伯河以外的国家，或把他杀死。这种因破产而对人执行的制度是破产犯罪立法的雏形，体现了在后来一定时期内长期延续的"破产有罪"的原则，即破产本身就是犯罪，债务人就是犯罪人，应当受到惩罚。① 这一原则对破产债务人实行了严格的人身限制和严厉的惩罚。这种对破产的严格惩罚主义一直贯穿着欧洲资产阶级革命初期的破产法立法。如 1538 年，法国颁布破产法，规定了诈骗破产罪，债务人一旦破产，就意味着有了严重的刑事犯罪，处刑极高，有时甚至会被处以死刑。直到近代，随着资本主义社会的发展，人们逐渐意识到，正常经营失败是经济生活中不可避免的，破产是市场经济发展的正常现象，是优胜劣汰规律的必然结果。因此，破产免责主义便逐渐成为各国破产立法普遍采用的立法原则，破产有罪开始向破产无罪转变，建立在债务人绝对诚实基础上的破产不再被视为当然犯罪。但破产无罪并不意味着所有的破产行为，包括破产犯罪行为都不会被追究，对那些以故意为特征的诈骗破产、贿赂破产等行为，依然要追究行为人的刑事责任。至垄断资本主义时期，欧美等发达国家经济犯罪呈上升趋势，破产犯罪日趋普遍，且呈现智能

---

① 参见佟金玲：《破产法原理释义与实践适用》，辽宁大学出版社 2011 年版，第 205~206 页。

化、专业化等新特点，其社会危害程度亦日趋严重，因此，各国对破产犯罪予以高度重视并强化各种预防、惩罚破产犯罪的法律措施。破产犯罪立法正日趋完善，形成了具有现代意义的完备的破产犯罪立法体系。①

现代意义上的破产犯罪应如何定义，目前我国学术界主要有两种观点：第一种观点认为，破产犯罪是破产程序进行过程中或破产宣告前法律规定的期间内，违反《破产法》的规定而实施的损害债权人利益或使破产程序无法顺利进行，情节严重，依法应当受到刑罚处罚的行为。② 第二种观点认为，破产犯罪是指在破产原因发生之时或在破产程序进行之中，破产关系人违反《破产法》的规定而实施的损害债务人利益或使破产程序不能顺利进行，依法应受到刑罚处罚的行为。③ 两种观点除时间界限上的分歧外，其他基本相同。两种观点相比较而言，第二种观点较为科学。因为，如果把破产犯罪的时间界限在"破产宣告前法律规定期间内"，如6个月、12个月等。那么它将为债务人以及其他关系人恶意规避法律，故意在法定期间以前实施犯罪行为造成可乘之机，因而，应把时间界限确定在破产原因发生之时。理由是，债务人一般都是在"资不抵债"等破产原因出现时，才产生犯罪故意；从这时起，债务人实施的恶意行为，应以犯罪论处。

二、破产犯罪的特征

（1）客体：破产犯罪是一种特殊的经济犯罪，它侵犯的客体是国家的破产法律制度，包括破产实体，即破产债权人和其他人的财产权利；也包括破产程序的顺利进行。

（2）客观方面：破产犯罪必须是在破产法规定的法定期间内，

---

① 参见佟金玲：《破产法原理释义与实践适用》，辽宁大学出版社 2011年版，第 205~206 页。

② 转引自张艳丽：《破产欺诈法律规制研究》，北京大学出版社 2008 年版，第 296 页。

③ 转引自张艳丽：《破产欺诈法律规制研究》，北京大学出版社 2008 年版，第 296 页。

如债务人发生破产原因时或者破产程序进行中，破产关系人违反破产法之规定实施的侵害债权人权益或妨害破产程序公正进行的行为。时间的特定性是破产犯罪区别于其他经济犯罪的重要特征。在世界各地立法中，对这一特定时间的规定表述不一，如我国台湾地区表述为"破产宣告前一年内或破产程序进行过程中"；日本破产法表述为"不问其破产前或后"；俄罗斯法表述为"在破产时或者预见到破产时"。① 这些表述都有其局限性，日本法的"宣告前"，溯及期限似无止境的；俄罗斯法的"可预见到"用语更为含糊；我国台湾地区的规定极易放纵罪犯，诱使罪犯规避法律。因此，在认定破产犯罪的持续时间时，应把其时间界定在"破产原因发生后至破产程序结束"这一阶段。同时，从犯罪行为来看，作为与不作为都可构成破产犯罪，但不作为的破产犯罪要有特殊的义务，即法定义务或职业、业务上的义务。

（3）主体：无论是大陆法系，还是英美法系，破产犯罪的主体包括一般主体，也包括特殊主体。即既包括具有一般身份的人，也包括具有特殊身份地位的人，如破产清算人等。破产犯罪的主体既可以是自然人，也可以是法人。特别是法人作为债务人以外的破产关系人时，其犯罪应属于法人犯罪。如法人为了获得非法利益，协助债务人转移、隐匿财产。破产犯罪亦可以是共同犯罪，若是第三人与罪犯串通或实施帮助行为，也构成破产犯罪的共犯。如日本破产法规定了"第三人诈欺破产罪"。

（4）主观方面：在国外立法中，对破产犯罪的主观方面有两种不同的规定：一种认为故意与过失均可构成破产犯罪。如德国、日本等许多国家不但规定了故意进行的破产犯罪，也规定了因过失构成的破产犯罪。日本破产法第375条规定了构成过失破产罪的五种情况。另一种认为只有故意才可构成破产犯罪，过失不构成破产

---

① 转引自佟金玲：《破产法原理释义与实践适用》，辽宁大学出版社2001年版，第207页。

犯罪。如美国法典第 18 条第 152 节就规定过失不构成破产犯罪。①
我国法学界对过失能否构成破产犯罪也有不同的认识。有的认为过
失不构成破产犯罪。有的认为债务人在过失或者重大过失的状态
下，实施损害债权人利益及破坏破产程序的行为构成破产犯罪。本
书赞成后一种观点，因为在实践中，确实存在企业法定代表人或其
他直接负责人因过失而不知企业已濒临破产，实施了转移、私分、
隐匿财产等给债权人造成重大损失的行为，这种行为如果不认定为
犯罪，必将无法杜绝此类现象的发生。同时在实践中，也存在破产
财产管理人、清算人由于重大过失而给债权人造成重大损失，破坏
破产程序正常进行的现象。

三、我国破产犯罪的类型

我国 1979 年的《中华人民共和国刑法》没有破产犯罪的规
定。1997 年《中华人民共和国刑法》(以下简称《刑法》)第 162 条
规定："(妨害清算罪) 公司、企业进行清算时，隐匿财产，对资
产负债表或者财产清单作虚伪记载或者在未清偿债务前分配公司、
企业财产，严重损害债权人或者其他人利益的，对其直接负责的主
管人员和其他直接责任人员，处五年以下有期徒刑或者拘役，并处
或者单处二万元以上二十万元以下罚金。"该规定把破产清算与一
般公司企业清算规定在一起，没有体现出对破产犯罪的重视程度。
1999 年 12 月《中华人民共和国刑法修正案》在第 162 条后增加一
条，作为第 162 条之一："隐匿或者故意销毁依法应当保存的会计
凭证、会计账簿、财务会计报告，情节严重的，处五年以下有期徒
刑或者拘役，并处或者单处二万元以上二十万元以下罚金。""单
位犯前款罪的，对单位判处罚金，并对其直接负责的主管人员和其
他直接责任人员，依照前款的规定处罚。"1997 年《刑法》第 168
条规定，徇私舞弊造成破产、亏损罪，该罪规定："国有公司、企
业直接负责的主管人员，徇私舞弊，造成国有公司、企业破产或者

---

① 参见佟金玲：《破产法原理释义与实践适用》，辽宁大学出版社 2011
年版，第 207 页。

严重亏损，致使国家利益遭受重大损失的，处三年以下有期徒刑或者拘役。"这是我国第一次明确破产犯罪的刑法规定。该条款在1999 年 12 月修改为："国有公司、企业的工作人员，由于严重不负责任或者滥用职权，造成国有公司、企业破产或者严重损失，致使国家利益遭受重大损失的，处三年以下有期徒刑或者拘役；致使国家利益遭受特别重大损失的，处三年以上七年以下有期徒刑。"该条款的修正，使得破产犯罪的主体、客观方面、主观方面、量刑幅度等，都更加科学。

现行《破产法》颁布之前，2006 年 6 月 29 日第十届全国人民代表大会常务委员会通过了《中华人民共和国刑法修正案（六）》，在《刑法》第 162 条之一后增加一条，作为第 162 条之二："（虚假破产罪）公司、企业通过隐匿财产、承担虚构的债务或者以其他方法转移、处分财产，实施虚假破产，严重损害债权人或者其他人利益的，对其直接负责的主管人员和其他直接责任人员，处五年以下有期徒刑或者拘役，并处或者单处二万元以上二十万元以下罚金。"这是我国《刑法》有关破产犯罪的最新规定。

至此，在我国，已构成以《破产法》和《刑法》为主体，规范破产，惩治破产犯罪的基本立法框架。但是，依照我国的立法模式，商事立法中不能含有刑事责任的规定，凡追究刑事责任者，必须有刑事立法加以规制，因此《破产法》中所规定的"违反本法规定，构成犯罪的，依法追究刑事责任"，在我国《刑法》中相当多的违法行为都没有相应规制，依照"罪刑法定"原则，这些违法行为在我国不能以犯罪论处。目前，根据《刑法》的规定，我国有关破产犯罪的具体罪名，仅有虚假破产罪，徇私舞弊造成企业破产罪，妨害公司、企业清算罪。

第二编　破产程序论

第九章　破产重整程序

第一节　重整制度概述

一、重整制度的概念及其特征

（一）重整制度的概念

在立法上，重整在美国法上称为"公司重整"（Corporate Reorganization），英国法上称为"公司管理"（Arrangement and Reorganization），法国法称为"司法康复"（Redressment Juaiciaire），日本法称为"会社更生"。在学理上，对重整的概念有不同的解释。有的学者认为，重整是股份有限公司因财产发生困难，暂停营业或有停止营业的危险时，经法院裁定予以整顿而使之复苏的制度。这种解释不能涵盖重整制度的全部。如美国联邦破产法第11章规定的重整程序不仅适用于公司，而且适用于合伙及个人。日本学者龙田节认为，"公司更生是对于虽处在困境但却有希望再建的公司，谋求维持和更生的制度，就是如果偿还到期债务会给继续营业带来显著障碍的公司，或者有发生成为破产原因的事实危险的公司，按照公司更生法在裁判所的监督下，谋求其再建的一种制度"。[①] 我国学者认为，重整是指在企业无力偿债的情况下，依照法律规定的程序，保护企业继续营业，实现债务调整和企业整理，使之摆脱困

---

① 转引自李国光主编：《新企业破产法教程》，人民法院出版社2006年版，第273页。

境，走向复兴的再建型债务清理制度。① 还有学者认为，重整是经由利害关系人申请，在审判机关的主持和利害关系人的参与下，对不能支付到期债务陷入财务困难的企业，进行生产经营整顿和财务清理的一种旨在使其摆脱困难，挽救其生存的积极特殊法律程序。② 显然最后一种解释比较全面地揭示了重整制度的参与主体、重整原因、重整能力、重整目的，但是其对重整原因的概括不全。根据我国《破产法》第 2 条的规定，重整的原因有二：一是不能清偿到期债务；二是有明显丧失清偿能力可能的。因此，结合我国《破产法》的规定，重整就是由特定的利害关系人申请，在人民法院的主持和利害关系人的参与下，对不能支付到期债务或有明显丧失清偿能力可能的企业，依照法律规定的程序，对该企业进行生产经营整顿和财务清理的一种旨在使其摆脱困难，挽救其生存的积极特殊法律程序。

（二）重整制度的特征

重整制度本质上是破产预防制度，是一种积极拯救企业的特别程序，与破产清算程序以及和解程序相比较，它具有如下基本特征：

1. 程序启动的私权化

重整程序只有经利害关系人的申请才能启动，除了法国以外，其他国家均规定法院不得依职权启动程序，而利害关系人包括债权人、债务人，甚至包括债务人的股东。但为了防止重整程序的滥用，各国对债权人、债务人的股东的申请均有一定限制。如美国联邦破产法规定，债权人必须持有总数达到或超过 5000 美元的无担保债权，并且在债务人有 12 名或更多债权人时，申请必须有至少 3 名债权人提出。我国《破产法》第 70 条规定，债权人和债务人均可申请重整，但债务人的出资人申请重整时，其出资额必须占到债务人注册资本 1/10 以上。

---

① 王卫国：《破产法》，人民法院出版社 1999 年版，第 226 页。

② 汤维建主编：《新企业破产法解读与适用》，中国法制出版社 2006 年版，第 237 页。

2. 重整原因的宽松化

重整制度首要目的是挽救企业，使其摆脱财务困境，重获经营能力，以期使社会损失最小化。因此，各国法律规定重整原因并不像破产原因或和解原因那样严格，债务人、债权人或出资人申请重整程序的开始，并不以债务人已具支付不能的事实为必要，只需有丧失清偿能力之可能即可。

3. 重整措施的多样化

重整作为预防企业破产的一项有力制度的重要原因在于，重整制度中重整措施的多样化。重整不仅调整债务人企业的内部事务、债权人和债务人的外部关系，而且还可能涉及债务人和第三方的关系。不仅包括债权人对债务人的妥协让步，还包括企业的整体出让、合并与分离、租赁经营、追加投资、发行公司债券、税务减免等。

4. 重整程序的优位化

重整程序一旦启动，不仅优先于一般民事执行程序，而且也优先于破产程序和和解程序。因此，重整程序一经开始，不仅在进行的一般民事执行程序应当中止，而且正在进行的破产程序或强制和解程序也应当中止。当破产申请、强制和解申请与重整申请同时并存时，法院应当优先受理重整申请。因为重整程序开始后仍允许这些程序的进行则无法顺利完成重整目的，且重整一旦成功，这些程序则没有必要。另外，重整程序的优先性还表现在，重整程序一旦启动，重整的效力及于对特定财产设定有担保的债权人，重整期间，别除权的行使受到限制。而在破产清算和和解程序中，别除权的行使不受限制。

二、建立我国重整制度的必要性

重整制度萌生于19世纪末20世纪初，是在公司制度产生后才出现的。特别是1929—1933年资本主义社会普遍爆发经济危机后，传统破产法的诸多缺陷日益显现，资本主义社会普遍爆发的经济危机，造成了大批公司连锁性倒闭，工人大量失业，资源严重浪费。防止公司连锁性倒闭，一时成为各国政府的重要目标。但是，传统破产法上的清算制度和和解制度均没有赋予债权人以拯救企业的动因以及缺乏限制私权的强有力的措施等自身的诸多缺陷，导致其在此问题上爱莫能助。为减少社会震荡，各国政府迫切希望建立一种对陷入困境企业具有积极拯救功能的制度。在这样的社会背景下，各主要发达国家相继确立重整制度。

20世纪70年代以来，在世界范围内出现了一场改革破产法的运动。首先是美国于1978年颁布联邦破产法。接着，法国于1985年制定了《困境企业司法重整及清算法》，基本上取代了原有的1967年破产法。随后，英国于1986年制定了《无力偿债法》，取代了1985年破产法，由此带动了英联邦成员国破产法的立法改革。而后，德国于1994年颁布了破产法，于1999年施行。日本于2002年12月修订了《会社更生法》，取代了1952年制定、1967年修订过的《会社更生法》，已于2003年4月1日施行。

这场破产法改革运动，主要课题就是适应生产社会化的发展建立和完善以企业复兴为目标的再建型债务清理制度，而重整制度的建立，是人们解决这一课题所取得的重要成果。以上事实表明，建立重整制度，拯救困境企业，是当代破产法改革和发展的大势所趋。这一趋势已经得到国际间的普遍认同与重视。

我国自改革开放以来，经济生活发生了重大变化。特别是加入世界贸易组织之后，我国的市场经济建设进入了一个新的发展阶段。在市场经济的发展过程中，大面积企业因经营亏损，纷纷破产倒闭，造成了大量的工人失业。特别是，大量通过"包装"上市的企业继续亏损，我国目前共有上市公司2500多家，① 证券市场几乎每天都有亏损严重的上市公司发布各种"重组"信息。如果我国没有一套完整的对陷入困境的企业进行挽救的制度的话，这些企业一旦破产，将会造成极大的社会动荡。学习和借鉴世界上其他发达国家的先进经验，建立一套既能避免破产倒闭的消极后果，又能及时公平清理债务的，既能挽救有重生希望的困境企业，又能淘汰挽救无望的落后企业的破产重整制度是我们的必然选择。现行

---

① 此数据截至2015年5月。

《破产法》在总结我国以往经验和研究我国国情的基础上，参考了美、法、日等国重整制度的立法成果，专设了"重整"一章，着重对以下几个方面进行了规定：①重整的基本程序，尤其是平等、公正的多方协商机制；②对重整企业的保护，尤其是对企业重整期间财产的管理和继续经营的保护；③重整计划的制定、通过、批准和执行；④防止重整程序的滥用和其他不法行为。另外，在其他章节规定了相关条款。

第二节　破产重整的申请与审查

一、重整的适用范围以及适用条件

（一）重整制度的适用范围

各国和地区根据自己的实际情况，对重整的适用范围有宽窄不同的规定。有的规定大多数商事企业（无论是法人还是非法人）和个人均属于重整的范围，如美国和法国。有的规定重整只适用于股份有限公司，如英国、日本等。按照我国《破产法》的规定，重整程序适用于企业法人，即公司和其他经登记为法人的企业。

（二）重整制度的适用条件

我国《破产法》第70条规定："债务人或者债权人可以依照本法规定，直接向人民法院申请对债务人进行重整。债权人申请对债务人进行破产清算的，在人民法院受理破产申请后、宣告债务人破产前，债务人或者出资额占债务人注册资本十分之一以上的出资人，可以向人民法院申请重整。"《破产法》第2条规定："企业法人不能清偿到期债务，并且资产不足以清偿全部债务或者明显缺乏清偿能力的，依照本法规定清理债务。企业法人有前款规定情形，或者有明显丧失清偿能力可能的，可以依照本法规定进行重整。"由此可见，重整程序的启动需要具备以下几个条件：

（1）能力要件。即法律规定可以成为重整对象的权利或者资格。根据我国《破产法》的规定，只有企业法人才能适用重整程序。

（2）原因要件：在具备如下两个理由时可以适用重整程序：第一，企业法人不能清偿到期债务，并且资产不足以清偿全部债务或者明显缺乏清偿能力；第二，企业法人有明显丧失清偿能力的可能。

（3）形式要件：申请人是《破产法》规定的具有申请重整资格的人；提出申请的方式符合法律的规定；法院有管辖权；缴纳重整费用。

二、重整的申请与受理

（一）重整申请人

重整程序的启动，必须始于有申请资格的当事人提出申请。当然，有申请资格的当事人的范围在不同国家是不一样的。在我国，按照《破产法》第 70 条的规定，有资格的重整申请人为以下三类：

1. 债权人

根据《破产法》第 70 条的规定，当债务人不能清偿到期债务或有明显丧失清偿能力的可能时，债权人可以直接申请重整。

对于债权人申请重整，重整法或者破产法均要求债权人所持债权应达到一定比例。我国台湾地区"公司法"规定，相当于公司已发行股份总额 10% 的公司债权人才能申请对公司重整。日本的公司更生法也作了相同的规定。按美国联邦破产法的规定，通常至少必须有三个债权人提出重整申请，且其确定的、无争议的、无担保的债权总额必须达到 5000 美元以上。当债权人总数少于 12 人时，申请可以由一个或两个债权人提出，但是其债权总额必须在 5000 美元以上。[1]

我国破产法对于债权人重整申请权没有规定所持债权额必须达到一定比例。对于债权人的债权额度缺乏限制，导致任何债权人均有权申请重整，有可能导致重整程序被滥用。因此，我们可以借鉴

---

[1] 顾功耘主编：《公司法律评论·2010 年卷》，上海人民出版社 2010 年版，第 420 页。

日本的做法，申请股份有限公司重整的，债权人的债权相当于公司已发行股份总额10%的才能申请对公司重整；对于有限责任公司的重整，则可以借鉴美国的做法，在人数和债权额上根据不同的情况分别加以限制。

2. 债务人

债务人的申请分为两种情形，即主动申请和被动申请。

债务人的主动申请，是指当出现重整原因时，债务人可以直接向人民法院申请进行重整。根据《破产法》第7条第1款之规定，"债务人有本法第二条规定的情形，可以向人民法院提出重整、和解或者破产清算申请"。根据这一规定，债务人不能清偿到期债务，并且资产不足以清偿全部债务或者明显缺乏清偿能力，或者有明显丧失清偿能力的可能时，有权直接向法院提出重整申请。

债务人的被动申请，是指债权人申请对债务人进行破产清算的，债务人可以在人民法院受理破产申请后到破产宣告前向人民法院申请进行重整。在这种情形下，因债权人已经申请破产清算而且已为法院受理，已经进入法定破产程序，相关法律措施已经开始实施，如管理人已经产生、账目、财产已经被接管等，此时债务人提出的申请相对于主动申请而言是一种被动的申请。

3. 出资人

出资人是指债务人的出资人，且其出资额占债务人注册资本1/10以上。其必须在债权人申请对债务人进行破产清算的情形下，在人民法院受理破产申请后，宣告债务人破产前向人民法院申请进行重整。债务人经营的好坏，直接影响出资人的利益。债务人一旦破产，出资人可能血本无归。为了保护出资人的利益，法律赋予出资人在破产程序启动后申请重整的权利。因破产重整时间较长，程序比较复杂，成本也比较高，而且重整还有优位化的特征，一旦重整程序启动，不但所有民事执行程序中止，而且别除权人的别除权也受到限制。重整程序对债务人和债权人的利益影响极大，为了防止出资人滥用重整申请权，所以法律对出资人的重整申请权作了出资额度的限制。

（二）重整申请的审查与受理

按照《破产法》的规定，重整程序在人民法院的主持下进行，所以人民法院在收到申请后应当对重整申请进行审查，决定是否裁定债务人重整。

法院对重整申请的审查主要从两个方面展开：一方面是形式审查，主要是审查申请人是否合格，法院有无管辖权，申请书的形式是否符合法律规定的要求；另一方面是实质审查，包括对债务人是否具有重整原因、被申请人是否合格等。法院进行审查时，可以要求债务人提交相应材料或说明情况，对于根据《破产法》规定已经任命管理人的，也可以要求管理人履行提交和说明职责。

人民法院经审查认为重整申请符合法律规定的，应当作出重整裁定，并予以公告。自人民法院裁定债务人重整之日起，重整期间就开始了。此裁定一经作出，即对重整案件的各利害关系人产生一系列的法律效力，直至重整程序终止。

第三节　破产重整期间债务人财产的经营和管理

一、重整期间的概念和意义

（一）重整期间的概念

我国《破产法》第 72 条规定："自人民法院裁定债务人重整之日起至重整程序终止，为重整期间。"重整期间，在美国被称为冻结期间（period of freeze）；在澳大利亚被称为"延缓偿付期（moratorium）"；在法国被称为"观察期间"。

外国法上对重整期间一般都规定有具体的时限，我国破产法没有规定重整的具体时限，体现了我国破产法极力挽救企业的法律政策。但是，并不意味着重整期间可以无限延长。根据《破产法》的规定，自人民法院裁定许可债务人重整之日起，债务人或者管理人应当在 6 个月内提交重整计划草案，有正当理由的，经债务人或者管理人申请，人民法院可以裁定延长 3 个月。人民法院应当自收到重整计划草案 30 日内召开债权人会议，付诸表决。自重整计划通过之日起 10 日内，债务人或者管理人应当向人民法院提出批准重整计划的申请，人民法院应当自收到申请之日起 30 日内裁定批准，终止重整程序。部分表决组未通过重整计划草案的，债务人或者管理人可以申请人民法院强制批准重整计划草案，人民法院应当自收到申请之日起 30 日内审查该重整计划草案是否符合《破产法》规定的条件，并裁定是否批准重整计划草案，逾期不提交重整计划草案，或者重整计划草案未获通过，或者人民法院没有裁定批准重整计划草案的，人民法院应当裁定终止重整程序并宣告债务人破产。可见我国《破产法》中的冻结期间事实上是有限制的。

（二）重整期间的意义

我国《破产法》专列一条对重整期间进行定义，是因为重整期间具有非常重要的意义。在重整期间，所有的对债务人及其财产采取诉讼或其他程序的行动，包括别除权人的别除权都一律停止，以便保护企业的营运价值和制定重整计划，增加重整成功的可能性。

从我国《破产法》的相关规定来看，重整期间的法律意义主要体现在以下几个方面：

1. 债务人企业的管理权在重整期内发生变化

根据《破产法》的相关规定，在重整期间，对债务人企业的财产和营业事务的管理，有两种情况：一是经债务人申请，人民法院批准，由债务人自行管理，但要接受管理人的监督；二是由管理人进行管理。

2. 别除权行使受到限制

在重整期间，对债务人的特定财产享有的担保权和法定优先权暂停行使，债务人或管理人为继续营业，可以通过提供为债权人接受的担保，取回质物或留置物。

3. 债务人的权利人在重整期间行使权利应当符合法律规定

根据《破产法》的规定，债务人合法占有他人财产，该财产的权利人在重整期间要求取回的，应当符合事先约定的条件。

4. 债务人的出资人和有关人员的权利在重整期间受到限制

在重整期间，债务人的出资人不得要求投资收益分配；其董事、监事、高级管理人员非经人民法院同意，不得向第三人转让其持有的债务人的股权。

二、重整人

（一）重整人及其确定

重整公司的营业机构一般被称为"重整人"。"重整人"是重整程序中，执行公司业务，代表公司，拟定并执行重整计划的法定必备机关。[①] 它是由法院指定或认可的，在债务人重整期间负责债务人财产的管理、处分、业务经营以及重整计划的拟定与执行的机构，其法律地位一般由法律直接规定。由于各地的历史传统和法律规定不同，重整人的名称也不同：美国联邦破产法称之为重整受托人；英国称之为管理人；日本公司更生法称之为财产管理人；我国台湾地区的"公司法"称之为重整人。

重整人的选任是重整制度中一个重要的问题。关于重整人选任的立法例大致有两种：一是法院指定，法院在裁定重整程序开始时任命重整人。重整人直接向法院负责，并接受其监督，不允许债务人在重整期间管理和主持营业，债权人和股东对此亦不得干涉。这种立法例以英国和日本为代表。二是债务人直接续任为原则，由法院指定为例外。这种做法以美国和德国为代表。三是以法国为代表采用的并列制，即管理人和债务人并行负责，双方的管理权限处于此消彼长的状态。相比较而言，上述第二种体例较为可取，因为，债务人对债务人企业情况比较熟悉，让其继续对该企业进行管理相对于其他人更有优势。只有当债务人的管理层存在欺诈等道德危险或者其他难以继续管理的情形时，才由法院另行指定。

我国《破产法》对债务人的财产管理和营业管理，采取了比较谨慎和灵活的态度。重整期间，经债务人申请，由人民法院批准，允许债务人在破产管理人的监督下自行管理，也可由管理人继续管理。

---

① 孟祥秀、张鹏：《对我国上市公司重整制度的法律思考》，《经济与法》2004 年第 4 期。

（二）债务人担任重整人

我国《破产法》第73条第1款规定："在重整期间，经债务人申请，人民法院批准，债务人可以在管理人的监督下自行管理财产和营业事务。"因此，债务人自行管理的前提是：①债务人向人民法院提出自行管理的申请，而且提出申请的时间必须在人民法院裁定许可债务人重整以后；②须经人民法院批准；③必须由管理人对债务人自行管理实施监督。

债务人自行管理始创于美国破产法中"占有中的债务人"制度。美国破产法制定时，美国国会的专家们在设计占有中的债务人制度时面临的选择：是更多地依靠受托管理人，还是更多地信赖债务人？在这个问题上，他们首先确立了两个目标：第一，保护公众利益和债权人利益；第二，便利对债权人和债务人均为有利的重整。然后，他们着重考虑了以下几个因素：一是因债务人主持继续营业对债权人和公众利益造成损害的可能性；二是债务人与受托管理人在管理营业事务方面的能力比较；三是债务人主持继续营业对当事人选择适用重整程序的影响；四是债务人管理层存在欺诈或行为不端的可能性及其预防的方法。在考虑前三点时，他们表现出对实践经验的高度重视，以及优先调动积极因素而不是优先避免消极因素的进取型制度偏好。至于第四点所涉及的消极因素（它是选择信赖债务人的主要制约因素），他们采取的处理原则是灵活性原则和个案处理原则；这些原则可以帮助人们摆脱潜在的消极因素给制度设计者带来的"事难两全"的困扰。[①]

从我国已有的实际情况来看，我国现有的比较成功的重整案件都是由债务人自己担任重整人的。并且，目前我国还缺乏一支高素质的管理人队伍，倘若一概不让债务人担任重整人，难以保证重整的效果，所以，应当允许债务人自己担任重整人。虽然，债务人自己担任重整人具有诸多优点，但是，债务人企业陷入困境在大多数情况下毕竟是债务人自己经营管理不善所致。另外，债务人自己担

[①]　王卫国：《论重整企业的营业授权制度》，《比较法研究》1998年第1期。

任重整人，难免会偏向债务人一方的利益，而且，为了防止债务人滥用重整来拖延时间，逃避债务，我国《破产法》对于债务人担任重整人进行了一定的限制：一是债务人担任重整人必须经过人民法院的批准。法院批准程序可以防止品行不端、业务素质不高的人担任重整人，从而在一定程度上保证重整人的素质；二是债务人担任重整人应当在管理人的监督下进行财产管理，这样能够使债务人的重整活动处在管理人的监督之下，防止债务人滥用重整权损害债权人的利益。

三、重整程序的终止

重整程序的终止，又称重整程序的废止或撤销，是指法院根据重整人或者利害关系人的申请或者依职权裁定废除已经开始的重整程序。重整之目的在于企业更生，但在重整程序开始以后，如果企业拯救已无成功的可能，或者因拯救成本过高或存在其他障碍而难以继续进行，则应当终止重整程序和转入破产清算程序。因此，重整程序的终止是重整制度的一个重要组成部分。

（一）重整程序终止的情形

根据我国《破产法》的相关规定，重整程序终止主要有以下几种情形：

（1）债务人的经营状况和财产状况继续恶化，缺乏挽救的可能性。

（2）债务人有诈欺、恶意减少债务人财产或者其他显著不利于债权人的行为。

（3）由于债务人的行为，致使管理人无法执行职务。

（4）债务人和管理人自裁定重整之日起超过6个月，或者经过人民法院裁定延长3个月的情况下未按期提出重整计划草案的。

（5）在通过和批准重整计划的过程中，债权人会议没有通过重整计划草案，而该草案在协商后仍未获得有关债权人的通过，或者未依法提请法院批准，或者法院以该计划不符合《破产法》的有关规定为由驳回批准申请的。

（二）重整程序终止的效力

日本公司更生法规定，更生程序终止时，除非法院认为公司有破产原因的事实时，应按照破产法规定宣告其破产（第 23 条），或者认为相当时认可和解申请（第 27 条），管理人应当清偿共益债权，对于有异议的共益债权实行提存（第 282 条）；无异议的确定重整债权或重整担保权、重整债权人表或重整担保权人表的记载，对于公司有与确定判决同一的效力，重整债权人或重整担保权人于重整程序终止后可以对公司实行强制执行（第 283 条）；对于重整计划认可后无望实现而终止重整程序的，记载于重整债权人表或重整担保权人表的基于重整债权或者重整担保权依计划所定认许的权利且系以金钱的支付或其他给付的请求为内容的，可以对公司或因重整而负担债务者实行强制执行。[①]

我国台湾地区"公司法"第 307 条规定，裁定终止重整程序后，公司符合破产原因时，法院可依职权主动宣告破产。第 308 条规定，重整程序终止产生以下效力：公司破产、和解、强制执行及因财产关系所产生的诉讼程序恢复其效力；法院所作的各项保全处分或紧急处分，都失去效力；非依重整程序不得行使的债权，都解除其限制；因怠于申报权利而不能行使的债权人，都恢复其权利；股东会、董事会及监察人的职权自行恢复；终止重整的裁定无溯及力，重整人在此裁定前依法执行职务，对外发生的法律行为仍然有效；权利人所行使的取回权、抵销权、撤销权的效力不受影响。第 312 条规定，重整债务（维持公司业务继续营运所发生之债务和进行重整程序所发生之费用），优先于重整债权而为清偿之效力，不因裁定终止重整而受影响。[②]

而按照我国《破产法》的规定，人民法院裁定终止重整程序

---

① 赵雷主编：《新企业破产法讲读》，中国工人出版社、人民法院出版社 2006 年版，第 168 页。

② 赵雷主编：《新企业破产法讲读》，中国工人出版社、人民法院出版社 2006 年版，第 167、168 页。

的，应当宣告债务人破产，即债务人进入破产清算程序。据此，我国《破产法》规定，在重整程序终止的特定情况下，法院应依职权宣告债务人破产。

第四节　破产重整计划的制定和批准

一、重整计划的意义

重整计划是重整程序中的核心要素，是重整程序中最重要的法定文件。它是债务人、债权人和其他利害关系人在协商基础上就债务清偿和企业拯救作出的安排。破产法一般涉及与重整计划有关的问题包括：重整计划制定的时间、重整计划制定人、重整计划的内容、债权人如何批准重整计划、是否需要法院确认、重整计划的效力、重整计划如何执行等。围绕重整计划的制定、通过、批准、执行、变更和终止的一系列规定，形成了一个由法律规制和有法院参与的多边协商机制。重整计划既是当事人彼此让步寻求债务解决的和解协议，也是他们同舟共济争取企业复兴的行动纲领。

根据我国《破产法》的规定，重整计划具有以下特征：

（1）重整计划以企业拯救和债务公平清偿为目的。

（2）重整计划由管理人或者债务人负责制作。

（3）重整计划应当依据企业的经济状况和营业前景，确定以让步为基础的债务清偿方案，以及在必要时，确定有助于企业复兴的经营方案。

（4）重整计划须征得债权人会议的同意。

（5）重整计划经法院批准后生效。

（6）重整计划由债务人在破产管理人的监督下执行。

二、重整计划的制定

提出重整计划时，需要考虑两个重要问题：哪些当事人有能力提出重整计划，以及在哪个阶段提出重整计划。它们分别涉及重整计划的制定人和重整计划制定的时机。

（一）重整计划的制定人

关于重整计划的制定人，各国规定有所不同。美国法律规定重整计划草案由债务人制定，在特殊情况下可以由其他人制定。[1] 法国商法典第6卷《困境企业》第621-54条（2003年7月30日第2003-699号法律）规定，司法管理人在债务人的协助下，以及可能的话，在一名或者若干名专家的援助下，负责制定一份企业的社会状况和经济状况报告。司法管理人员根据企业状况或者提出重整方案，或者建议进行司法清算。[2] 日本公司更生法第189条规定，管理人于更生债权及更生担保权的申报期间届满后，应在法院规定的期间内制成更生计划草案，并提交法院。该法第190条又规定，公司、申报更生债权人以及更生担保权人、股东可以于法院规定的期间内制成更生计划草案并提交法院。[3] 我国《破产法》第80条规定，债务人自行管理财产和营业事务的，由债务人制作重整计划草案。管理人负责管理财产和营业事务的，由管理人制作重整计划草案。

重整计划的制作实际上是一个协商过程。在未经债权人会议讨论通过前，它是一个由债务人或管理人提出的协议草案，因此，债务人或管理人在制作重整计划草案时，还应当听取债权人、出资人和职工代表的意见。实践中，重整计划的制作往往是一个相当复杂和困难的过程。在美国，有一种"先庭外后庭内"的做法，即当

---

① 美国破产法第1121条规定"债务人在自愿申请的同时或者在强制申请之后的任何时候可以提出重整计划，除非本法有特别规定，在依本章的免责之后的120天内，只有债务人可以提出重整计划。在下列情况下，任何利害关系人包括债务人、破产受托人、债权人委员会、股东委员会、债权人、股东均可提出计划：①已任命了受托人；②债务人在本章规定的免责后的120天内未曾提出计划且120天的期间未得到延长；③依本章免责后180天内，债务人未曾提出得到债权或股权受到削减的权利人接受的计划。"转引自李永军：《破产法——理论与规范研究》，中国政法大学出版社2013年版，第360、361页。

② 李飞主编：《当代外国破产法》，中国法制出版社2006年版，第376页。

③ 王书江、殷建平译：《日本商法典》，中国法制出版社2000年版，第420页。

事人各方先进行协商，直到对重整的方案达成一致后才启动重整程序。

（二）重整计划制定的时间

重整计划在何时提出，要取决于重整所要达到的目标，或者与启动重整程序的方式有关。有些国家的法律规定，债务人在申请启动重整程序的同时提出重整计划。有些国家的法律则规定，必须在启动重整程序后谈判和提出计划。在清算程序改为重整程序时，也可能出现提出重整计划的时机问题。我国《破产法》第79条规定，债务人或者破产管理人应当自人民法院裁定债务人重整之日起6个月内，同时向人民法院和债权人会议提交重整计划草案。该期限届满，经债务人或者破产管理人请求，有正当理由的，人民法院可以裁定延期3个月。

（三）重整计划的内容

关于重整计划的内容，《破产法》规定应当包括以下内容：债务人的经营方案、债权分类、债权调整方案、债权受偿方案、重整计划的执行人和执行期限、重整计划执行的监督期限、有利于债务人重整的其他方案。

1. 债务人的经营方案

债务人的经营方案的主要内容是重整措施。各国法在规定重整措施时，多采取列举加概括相结合的方式，即列举主要的手段，并概括地授权重整人运用法律允许的其他手段。这些主要的措施有企业的转让或合并（法国商法典第6卷《困境企业》第621-62条、第83条、第84条）、新公司的设立（日本公司更生法第226条）等。目前我国企业重整常用的措施有转投资设立新企业、债转股、资产置换等。总之，债务人的经营方案应根据企业的具体情况制订。实践中，通常考虑需要停止一些亏损或不盈利的经营项目，筹措资金和集中资源维持、改善主营项目。此外，还需要考虑诸如融资、增收、节支、减产、裁员、修改营销策略、内部组织调整和重要人事变动等问题。

2. 债权分类

债权分类是债权调整方案和清偿方案的基础。对于不同种类的债权，其让步范围和清偿顺序是不一样的，因此，重整计划必须遵守关于债权分类的规定。《破产法》规定，重整计划中的债权分为：一是有财产担保的债权，即对债务人的特定财产享有担保权的债权；二是劳动债权，即债务人所欠职工的工资和医疗、伤残补助、抚恤费用，所欠的应当划入职工个人账户的基本养老保险、基本医疗保险费用，以及法律、行政法规规定应当支付给职工的补偿金；三是债务人所欠税款；四是普通债权。

3. 债权调整和受偿方案

债权调整和受偿方案，是指对每类债权的具体调整计划，包括对债权的减少、免除、延期、债权性质转换等。法律通常不作具体限定，其本意是鼓励当事人采取各种灵活有效的方法实现企业拯救和公平清偿。实践中，重整计划可以分别对各类债权采用以下调整方法：①按比例降低清偿额；②一次性或者分期延期偿付；③债权其他条件的变更；④部分或者全部债权转换为股权。重整计划中的同类债权，应按同等条件受偿。但是，个别债权人自愿接受较为不利清偿条件的，不在此限。在清偿方案中，应当规定各类债权的清偿时间、清偿金额和清偿方式等。但是根据《破产法》的规定，债权调整方案不得规定减免债务人欠缴的劳动债权以外的社会保险费用，并且该项费用的债权人也不参加重整计划的表决。这是因为，该项费用要用来建立基本养老保险基金、基本医疗保险基金、失业保险基金、工伤保险基金以及生育保险基金，以备职工一旦出现保险范围内情况的急需。它所涉及的是全社会职工的利益，而非单个职工或者部分职工的利益。如果减免，会导致对其他职工的不公平。

4. 重整计划的执行人和执行期限

重整计划的执行人负责执行重整计划，对债权人会议负责并报告工作。我国《破产法》规定，重整计划由债务人执行，但是没有规定强制的重整计划的执行期限。执行期限的长短，需根据不同的个案来确定，但必须在重整计划中作出明确的规定。我国台湾地区"公司法"第304条规定："重整计划的执行除债务清偿期限外，自法院裁定认可之日起不得超过一年，有正当理由不能于一年内完成的，可以经重整监督人许可，申请法院裁定延展期限，法院得依职权或者依关系人之申请裁定终止重整。"①

5. 重整计划执行的监督期限

《破产法》规定，由管理人负责监督重整计划的执行情况，监督期限的长短由重整计划规定。在监督期限内，债务人应当向管理人报告重整计划的执行情况和债务人财务状况。

6. 有利于债务人重整的其他方案

这可根据债务人的具体情况确定。例如重整计划可以规定重整企业的合并、分立或者营业转让的方案，也可以规定重整企业向战略投资者定向增发股份的方案。一般而言，其他措施主要围绕继续营业资金的募集来规定。

三、重整计划的表决、通过和批准

《破产法》对重整计划草案的表决、通过和批准设立了一系列的程序规则。

（一）重整计划的表决和通过

重整计划一旦提交人民法院，人民法院应当及时召开债权人会议对重整计划草案进行表决。各国对于重整计划草案的表决期限规定不同。日本公司更生法第 192 条规定，提出更生计划后，法院应当确定日期，召集关系人会议审查计划草案。德国支付不能法第 235 条规定，支付不能，法院应当指定对支付不能方案表决的日期，该日期的指定不应超过 1 个月。② 我国《破产法》第 84 条规定，人民法院自收到重整计划草案之日起 30 日内召开债权人会议，对重整计划草案进行表决。

由于重整计划对于不同的债权和股权的影响不同，因此债权人会议（或关系人会议）对重整计划草案一般进行分组表决。分组主要有两种立法例：一是强制性分组，即债权人会议如何分组由法

---

① 李国光主编：《新企业破产法教程》，人民法院出版社 2006 年版，第296 页。

② 覃有土主编：《商法概论》，武汉大学出版社 2010 年版，第 280 页。

律加以规定，法院仅在法定范围内有自由裁量权，如日本公司更生法和我国台湾地区"公司法"的规定。二是任意性分组，即只要分组有利于重整计划的通过并符合公平原则即可。如美国破产法第1122条规定："（a）除本条（b）的规定外，计划可以把某一类债权或股权纳入某一特定的种类，只要该债权或股权实质上类似于该类中的其他债权或股权即可；（c）计划可以规定一个单独的请求权类别，仅由无担保的债权组成，且该债权小于或被削减至法院认为合理及便于管理需要的数额。"① 在美国的重整实务中，通常的分类为：担保债权、优先请求权、无担保的债权、次位债权、股权。我国《破产法》也规定，债权人会议对于重整计划的表决，依照债权的分类，分组进行表决。对于重整计划涉及债务人的出资人权益调整事项的，则设立出资人组，对该事项进行表决。

对于表决通过的条件，各国和地区规定主要有两种：①双重标准，即规定人数标准和债权额标准同时具备。主要为美国和德国采用，如美国破产法第1126条规定，在通过重整时，必须由每类债权中得到承认的债权人人数过半数同意，且持有的债权数额至少占该组债权额的2/3时，该组视为通过计划。②单一标准，即规定人数标准或者债权标准。主要为日本和我国台湾地区采用，如我国台湾地区"公司法"第302条第1项规定，通过重整计划，必须经各组表决权总额2/3以上同意。② 我国《破产法》采用了双重标准。根据《破产法》第84条第2款的规定，出席会议的同一表决组的债权人过半数同意重整计划草案，并且其所代表的债权额占该组已确定债权总额的2/3以上的，即为该组通过重整计划草案。各表决组均通过重整计划草案时，重整计划即为通过。

如果重整计划草案未获通过，还有一些补救措施可资应用：首先，债务人或管理人可以同未通过重整计划草案的表决组协商。该

---

① 转引自赵雷主编：《新企业破产法讲读》，人民法院出版社2006年版，第184页。

② 转引自赵旭东主编：《商法学》（第2版），高等教育出版社2011年版，第567页。

表决组可以在协商以后再行表决一次。其次，如果该表决组拒绝再次表决或者再行表决仍未通过重整计划草案，则债务人可以申请法院批准重整计划草案。如果重整计划草案符合法律规定的条件，则法院应当裁定批准重整计划。这与美国破产法第 11 章中著名的"强行批准"（cram down）规则是一致的。①

（二）重整计划的批准

重整计划草案的批准，是法院依法审查，赋予重整计划强制执行力的过程。重整计划一经批准，即对所有债权人及其他利害关系人产生效力，不论其表决时是同意或者反对重整计划草案。

根据《破产法》第 86 条的规定，债务人或者管理人应当自重整计划通过之日起 10 日内，向人民法院提出批准重整计划的申请，人民法院经审查认为符合《破产法》规定的，应当自收到申请之日起 30 日内裁定批准，同时裁定终止重整程序，并予以公告。

对于未获通过的重整计划草案，实行强行批准的，《破产法》第 87 条规定了如下强行批准条件：①按照重整计划草案，有财产担保的债权就该特定财产将获得全额清偿，其因延期清偿所受损失将得到公平的补偿，并且其担保权未受到实质性的损害，或者该表决组已经通过重整计划草案；②按照重整计划草案，劳动债权和税款请求权将获得全额清偿，或者重整计划草案已经获得相应表决组的通过；③无担保的普通债权依照重整计划所应获得的清偿比例，不低于无担保的债权在重整计划草案被提请批准时依照破产清算程序所能获得的清偿比例，或者该表决组已经通过重整计划草案；④重整计划草案对出资人权益的调整公平、公正，或者出资人组已经通过重整计划草案；⑤重整计划草案公平对待同一表决组的成员，并且所规定的债权清偿顺序，不违反《破产法》的规定；⑤重整债务人的经营方案具有可行性。

如果法院经审查认为重整计划草案不符合《破产法》的规定，则应裁定驳回请求批准重整计划的申请，并应当裁定终止重整程序，宣告债务人破产。宣告破产后，即进入破产清算程序。

---

① 美国 1978 年破产法典，第 1129（b）条。

四、重整计划的效力和执行

（一）重整计划的效力

各国立法均对重整计划的效力作出规定。如美国破产法规定，重整计划经批准后，对于债务人，任何根据计划发行证券或取得财产的人以及所有债权人、股东或者受计划削减的合伙人，均有约束力，而不论其是否同意重整计划。除计划和认可计划的裁定承认的债权或股权外，对计划的认可使债务人免除产生于计划认可的任何债务，以及对破产规定的种类的债务免责。但通常重整计划的效力不及于对债务人的保证人和其他连带债务人承担的责任。

我国《破产法》规定，经法院裁定批准的重整计划，对破产案件受理以前成立的所有债权均产生效力，并对债务人和全体债权人均有约束力。此时尚未申报的债权，在重整计划执行期间不得行使权利；在重整计划执行完毕以后，可以按照重整计划规定的同类债权的清偿条件行使权利。此为重整计划的强制约束力。并且也规定，债权人对债务人的保证人和其他连带债务人享有的权利，不受重整计划的影响。

（二）重整计划的执行权

根据我国《破产法》第 89 条的规定，重整计划由债务人负责执行。人民法院裁定批准重整计划后，已经接管财产和营业事务的管理人应当向债务人移交财产和营业事务。

（三）对重整计划执行的监督

《破产法》第 90 条、第 91 条规定，自人民法院裁定批准重整计划之日起，在重整计划规定的监督期限内，由管理人监督重整计划的执行。在监督期内，债务人应当向管理人报告重整计划执行情况和债务人财务状况。

监督期届满时，管理人应当向人民法院提交监督报告。自监督报告提交之日起，管理人的监督职责终止。经管理人申请，人民法院可以裁定延长重整计划执行的监督期限。

管理人向人民法院提交的监督报告，重整计划的利害关系人有权查阅。

五、重整计划的终止

我国《破产法》规定，重整计划因以下情形而终止：

（一）重整计划因执行障碍而终止

债务人不能执行或者不执行重整计划的，人民法院经管理人或者利害关系人申请，应当裁定终止重整计划的执行。人民法院裁定终止重整计划执行的，应当同时宣告债务人破产清算。在这种情况下，债权人因重整计划实施所受的清偿仍然有效。债权未受偿的部分，作为破产债权行使权利。同时，债权人在重整计划中作出的让步失去效力。但是，为重整计划执行提供的担保继续有效。不过此时的债权人，只有在其他同顺位债权人同自己所受的清偿达到同一比例时，才能继续接受分配。

（二）重整计划因执行完毕而终止

重整计划执行完毕，是重整计划的执行人按照计划的规定完成重整任务，企业达到重整目的得以重生的情形。

重整计划执行完毕，债务人清偿责任免除，是重整立法普遍采取的原则，目的在于使债务人获得再生的必要条件。如美国破产法第 228 条规定："重整计划完成后，除重整计划另有规定外，债务人之债务解除，股东对于公司之权益终止。受托人之职务解除。"日本公司更生法第 241 条规定："公司重整经裁定认可后，除依重整计划或本法之规定认可之权利外，对于所有重整债权及重整担保权免其责任，股东之权利及公司财务上存在之担保权自行减灭。"我国台湾地区的"公司法"也规定，公司重整完成后，产生下列效力：已申报之债权未受清偿部分，除依重整计划处理，移转重整后之公司承受者外，其请求权消灭，未申报之债权亦同；股东股权经重整而变更或减除之部分，其权利消灭，未申报之无记名股票之权利亦同；重整裁定前，公司之破产、和解、强制执行及因财产关系所生之诉讼等程序，即行失其效力。[1]

---

① 转引自李国光主编：《新企业破产法理解与适用》，人民法院出版社 2006 年版，第 431 页。

　　我国《破产法》也规定了重整计划执行完毕后的债务人的免责效力，即按照重整计划减免的债务，自重整计划执行完毕时起，债务人不再承担清偿责任。

第十章　破产和解程序

第一节　破产和解制度概述

一、和解制度

（一）和解的概念

破产和解是指法院受理破产案件后，为了避免破产宣告或破产分配，由债务人提出和解申请及和解协议草案，债权人会议讨论通过并经法院许可的，解决债权人、债务人之间的债权债务问题的制度。和解制度是为了预防破产而设立的再建型债务清理制度，主要是通过债权人的谅解、减少债权额、展期付款等方式，从而使债务人免受破产宣告。

（二）和解制度的立法例

（1）和解分离主义。和解分离主义是指和解程序与破产程序分别独立，究竟申请开始哪种程序，债务人有选择的自由。大陆法国家普遍确立了和解分离主义的立法原则。1883年比利时在其立法中确立了破产和解制度。自此，欧洲一些国家，如瑞士、法国、德国、奥地利等纷纷采用和解制度，并且将其单独立法——和解法，① 与破产法并行。

（2）和解前置主义。和解前置主义是指在法院宣告债务人破产之前，应首先试行和解。和解是必经程序，只有在和解不成的情

---

① 例如，日本 1922 年的和议法，德国 1935 年的和解法，法国 1919 年的和解法等。

况下，方能开始破产宣告程序。此种立法例以美国和英国为典型。采用和解前置主义的法律，将和解制度规定于一部统一的破产法中。应当指出的是，将和解制度与破产制度规定于一部统一的破产法中是当今破产立法的趋向，一些采用和解分离主义的大陆法国家也有如此发展的趋势。

（三）和解制度的性质

当今理论界对破产和解制度的性质，大致有下列四种学说：①

（1）民事契约说。此说认为破产和解主要由要约和承诺两个环节构成，同民法上的合同最为接近，因而属于民事契约的范畴。但是此学说难以解释如下问题：为什么民事契约要经过法院的认可才能生效？为什么民事契约对那些不同意和解的少数债权人也能产生约束力？

（2）诉讼裁判说。此说认为破产和解能否产生法律效力，关键在于法院的审查与认可。当事人双方提出的和解协议便是一种诉讼材料，法院正是据此作出了裁判。但是这种学说不恰当地高估了法院在破产和解过程中的作用，而忽略或淡化了当事人在破产和解中所起的主导、能动的作用。

（3）权利说。此说认为和解是债务人在破产程序中享有的权利。债务人行使此种权利，可以达到延期清偿债务或减额清偿的目的；债务人放弃这种权利，也不会产生其他不利后果。此说试图脱离和解的形成过程来界定其性质，未免流于抽象而失之偏颇。

（4）特殊行为说。此说认为破产和解既不是单纯的民事契约，也不是单纯的诉讼裁判，而是一种兼具二者特征的特殊法律行为。特殊行为说为目前学术界的通说。

（四）破产和解的特点

（1）债务人已具备破产原因且由债务人提出和解的请求。破产和解制度设立的目的在于为债务人提供避免破产清算的机会，如

---

① 徐德敏、梁增昌：《企业破产法论》，陕西人民出版社1990年版，第152页。

果债务人不具备破产原因，那么清算制度及和解制度则没有适用的必要。破产和解制度的设立是出于保护债务人利益的需要，因而债务人最有寻求和解的动机。但是，由于和解之后，债务人将继续承担债务清偿责任，因此，是否请求和解应由债务人自行决定。

（2）和解的目的在于中止破产程序，避免破产清算。债务人和债权人就和解事项达成的和解协议一旦生效，破产程序即告中止。只要债务人能够按照和解协议的约定履行清偿义务，即可避免破产宣告，而且破产程序同时宣告终结，这是和解制度存在的主要目的。人民法院作出破产宣告后，债务人即丧失了对其全部财产的经营管理权，债权人通常也难以得到全部的清偿；同时破产造成的失业也将会给社会带来极大的压力。进入和解程序，不但债务人可以获得实现复兴的机会，债权人有可能会获得更多的清偿，社会秩序在一定程度上也就更容易保持稳定。

（3）和解协议具有强制性。破产法上的和解又称为"强制和解"，之所以称为强制和解，是因为和解协议并非需要每一个债权人的同意，而是由债权人会议以多数表决的方式通过债务人所提出的和解条件。和解协议实际上是债务人与债权人会议的和解，和解协议一旦生效，即使不同意的债权人也要受到该协议的约束。

和解协议同时也具有强制执行力。和解协议一经法院认可，对双方当事人均产生法律约束力。债务人必须切实履行和解协议的内容，按照协议规定的期限、数额清偿债务，不得有破产欺诈的行为。根据《破产法》第104条的规定，"债务人不能执行或者不执行和解协议的，人民法院经和解债权人请求，应当裁定终止和解协议的执行，并宣告债务人破产"。和解制度侧重于保护债务人的利益，但是本条赋予了债权人救济措施，目的在于平衡两者之间的利益。

（4）和解协议须经法院裁定认可才能生效。为了防止和解协议违反法律法规，或牺牲少数或者小额债权人的利益，法律赋予法院以司法裁决权，即和解协议须经法院裁定认可才能生效。

二、我国和解制度的特点

(一) 和解制度和破产制度相结合

和解制度和破产制度在适用上互相连接，简化了程序。和解程序存在于破产程序之中，和解协议一旦生效，破产程序即告中止；如果和解协议未能得到履行，则破产程序恢复。目前，世界上大多数国家的破产立法比较倾向于和解前置主义，主张将和解制度和破产制度规定在同一部破产法中。我国的立法符合破产法发展的趋势。

(二) 和解程序一元机制

我国现行《破产法》使破产和解在法院监督下完全依双方当事人的意愿自由进行。和解申请的机会、条件适用的程序、法院在其中所起的作用、和解的时间、和解的监督、和解的废止情形等诸环节完全一致，从而实现和解程序的一元机制。

三、破产和解与重整的关系

从历史沿革看，破产和解制度的产生早于重整制度的产生，应当说，破产和解制度是为了克服破产清算制度的固有缺陷而产生；而重整制度则是为了克服破产和解制度因未触及债务人生产能力而不能从根本上解决债务人的清偿能力，避免破产问题这一先天性缺陷而产生。两种制度相互联系，又相互独立，共同构成现代破产预防制度。破产和解制度与重整制度在相同之中又存在不同。在价值取向上，和解制度与重整制度相对于破产清算制度趋于保护债权人的利益而言，表面上更侧重于保护债务人利益，但两者实质有所差异。和解制度是通过保护债务人的利益进而保护债权人的利益，即虽然在和解程序中，债权人作出了一定的让步和牺牲，债务人由此获得喘息的机会和重生的希望，但归根结底，其目的是使得债权人获得更高的清偿，因而债权人在和解程序中并不关心债务人履行和解协议后是否还能继续生存，其作出的让步也完全是权衡利弊后的自愿行为。而重整制度的目的在于拯救债务人，通过采取各种措施使债务人走出困境，以避免债务人破产给社会造成的巨大冲击和影响，其价值取向更多的是通过保护债务人进而保护社会整体的利益，债权人利益被放在了社会整体利益之后。具体地说，破产和解与破产重整的区别在于：

（1）适用对象不同。破产和解的适用对象较重整之适用对象更广。破产和解适用于自然人、法人及合伙，即所有具备破产能力的主体。关于破产重整的适用对象，各国规定不一，但大多数国家均对此加以严格限制，规定只有公司或股份公司或上市公司才属于重整的适用范围。仅有美国等极少数国家规定，重整适用于包括自然人、公司、合伙以及任何非公司的实体在内的几乎任何类型的债务人。同时，由于重整程序复杂、耗时长、费用高，而和解程序相对简单、成本低、耗时短，因而在各国司法实务中，选用和解程序的一般都是自然人以及规模小、人员少、资本小的中小型企业，而采用重整程序的则是规模较大、人员众多的大型企业。

（2）启动原因不同。和解程序开始的原因与破产程序相同，为债务人不能清偿到期债务，即和解程序是在债务人已经出现破产原因时，出于法律规定的和解前置程序或当事人的自行选择而开始。重整程序开始的原因则更为宽泛，除债务人已经出现破产原因外，债务人尚未出现破产原因，但已经产生支付不能的危险和可能或债务人自己认为有支付不能之虞时，均可开始重整程序。

（3）提出申请的主体不同。和解程序和重整程序对于提出申请的主体均采取了当事人申请主义，但对于和解程序，绝大多数国家均规定只能由债务人提出。而在重整程序中，除债务人外，债权人、债务人股东、董事会等均可提出重整申请。法国商法典第6卷"困境企业"第二编"企业的重整和司法清算"第621-2条甚至规定，法院可以依职权或应检察官的申请，宣布重整程序开始。

（4）债权人地位不同。①在和解程序中，债权人一旦作出决议通过债务人提出的和解协议草案并经法院认可生效后，债权人只能处于一种消极等待债务人按协议清偿债务并且与债务人相对立的地位，而在重整程序中，债权人积极参与其中，并与债务人共同完成重整计划。②在和解程序中，债权人在对和解协议草案进行表决时完全意思自治，有充分的发言权，和解协议的效力也只及于无财产担保的债权人，和解程序的进行并不能限制或影响担保物权人行使担保物权。而在重整程序中，债权人的发言权因分组表决的方式被削弱，美国破产法甚至规定，如债权人的债权未受重整计划的削减，该债权人无权对计划通过表示反对，甚而无须征求其意见，完全剥夺了该债权人的发言权。而且，重整程序一经开始，即对包括担保物权人在内的所有债权人均发生效力，担保权人对担保物权的行使或债权的受偿都必须受重整计划的限制。

（5）程序的直接参与者不同。和解程序的参与者只包括债务人、债权人及法院三方，债务人的出资人在此程序中没有任何法律地位，不能直接参与其中。而重整程序的参与者则包括了债务人的出资人，出资人代表可以列席讨论重整计划草案的债权人会议。

（6）采取的措施不同。和解程序因其实质目的仍为偿债，主要采取债权人让步的方式，故措施相对单一。而重整则因其实质目的是帮助债务人走出困境，脱离破产危险区，故其措施则具多样性。除债权人让步外，还可以采取公司依法发行新的股票以筹集资金、转让或部分转让企业、设立子公司等其他措施。

（7）效力不同。重整程序的效力优于和解程序。当破产申请、和解申请和重整申请并存时，法院应首先受理重整申请。重整程序一旦开始，和解程序则不得开始或必须中止。此外，在和解程序开始后，可以转化为重整程序，但重整程序开始后，则不得转化为和解程序。

（8）法院的地位不同。与和解程序相比，在重整程序中，法院所代表的国家公权力对关系人及债务人的干预更强。在和解程序中，债权人以债权人会议的方式实现完全意思自治，一旦债权人会议未通过和解协议草案，法院不得依职权强制认可和解协议；而一旦债权人会议通过和解协议草案，法院也只能对此做程序合法性审查和实体合法性审查。在和解协议的执行期间，法院亦处于消极等待之地位。但重整程序则不同，一方面有的国家如法国，规定法院可以依职权宣告重整程序开始，另一方面法院对重整申请的审查更为严格，除程序和实体合法性审查外，还必须确认债务人是否确有重建的可能，否则不得轻易许可开始重整程序，在重整期间法院所处地位也较和解更为积极。①

第二节 破产和解程序的规则

一、和解申请

（一）申请人

和解的申请只能由债务人向法院提出，其他任何利害关系人均不得提出和解申请，法院也不得依职权开始和解程序。这是各国破产法一致承认的规则。和解能否开始，债务人所提出的和解方案以及清偿办法的担保起着决定性作用。因为债务人之事业有无维持价值及可能，债务人最为清楚，而且和解所必需的方案及清偿办法的担保，只有债务人有提出的可能，债权人不能替代。②

我国《破产法》第95条第2款规定："债务人申请和解，应当提出和解协议草案。"从这条规定可以看出，在我国，债务人是唯一的和解申请人。

（二）申请的有效时间

债务人可以依照破产法规定，直接向人民法院申请和解；也可以在人民法院受理破产申请后、宣告债务人破产前，向人民法院申请和解。该规定将申请的有效期间并未局限于破产申请受理后、破产宣告前，其根本目的在于鼓励当事人和解。

二、和解协议的成立和生效

和解协议是债权人与债务人就解决双方之间的债权债务问题达成意思表示一致而成立的契约。和解协议具有要式合同的性质，其成立和生效都必须符合法律规定的方式和程序。具体包括两个环节：合同的成立，即债务人与债权人团体双方意思表示一致；合同

---

① 韩长印主编：《破产法学》，中国政法大学出版社2007年版，第183页。

② 陈荣宗：《破产法》，中国台湾三民书局1986年版，第59页。

的生效，即债权人团体与债务人双方达成的协议经人民法院认可。

（一）和解协议的成立

债务人以和解协议草案的形式向债权人团体发出要约，债权人会议以通过和解协议草案的决议形式进行承诺。由于和解协议草案与各债权人的切身利益密切相关，因而是债权人会议的特别决议事项，对这项决议的通过应当有特别的要求，《破产法》第97条规定：债权人会议通过和解协议的决议，应当"由出席会议的有表决权的债权人过半数同意，并且其所代表的债权额占无财产担保债权总额的三分之二以上"。只有满足了这样的条件，和解协议才能成立。

（二）和解协议的生效

和解协议的生效应当经过人民法院的认可。因为和解协议与普通的契约不同，它是债权人团体对债务人作出的实质性让步，深刻影响着每一个债权人的切身利益，因此为保证协议的合法，不损害个别债权人的利益，我国《破产法》设定了人民法院对和解协议的认可程序，旨在审查和解协议的内容与和解程序的合法性。

（三）债权人会议或法院对于和解协议的否定

根据《破产法》第99条之规定，"和解协议草案经债权人会议表决未获得通过，或者已经债权人会议通过的和解协议未获得人民法院认可的，人民法院应当裁定终止和解程序，并宣告债务人破产"。根据法律整体解释的方法，《破产法》第103条所规定的"因债务人的欺诈或者其他违法行为而成立的和解协议，人民法院应当裁定无效，并宣告债务人破产"可作为法院的否定事由之一种。

三、和解协议的法律效果

和解协议一旦生效，即产生以下法律效果：

（一）和解程序终结，破产程序中止

各国破产法均承认和解协议生效后，和解具有优先于破产程序的效力，主要表现在：破产申请与和解申请同时并存时，法院应当首先审查和解申请；在破产程序的进行过程中有和解许可的，应当终结或者中止破产程序。根据《最高人民法院关于审理企业破产案件若干问题的规定》，债权人会议与债务人达成和解协议并经人民法院裁定认可的，无论是在破产宣告裁定以前还是破产宣告裁定以后，均应由人民法院发布公告，中止破产程序。

（二）和解协议对债务人发生法律约束力

和解协议生效后，债务人重新取得对其财产的支配权。个别债权人不得向债务人追索债务，且请求企业给付财产的民事诉讼、民事执行程序以及相关的诉讼保全措施也均不得进行。债务人应当严格执行和解协议，不得给予个别债权人以和解协议以外的利益以防止在债权人之间产生不平等，影响和解协议的正常执行。

（三）和解协议对债权人发生法律约束力

和解协议一经债权人会议依法定程序通过并经法院认可即对所有债权人发生法律效力，包括不同意和解协议的债权人。债权人应当按照和解协议的规定接受清偿，不得向债务人要求和解协议规定以外的任何利益。只要债务人没有出现法定的、应予终结和解程序、宣告破产的事由，任何债权人均不得超越和解协议的约定实施干扰债务人正常生产经营和清偿活动的行为。

值得注意的是，和解协议对于在和解协议生效后发生的新债权不产生效力。因为在和解协议生效后，债务人重新获得了对财产的支配权。为再生的需要，他必然要与他人发生新的交易，产生新的债权人。和解协议对这些新的债权人不产生任何效力，新债权人可以在和解协议外请求法院个别执行，债务人不能清偿债务的，甚至可以向法院申请债务人破产。

（四）和解协议对于保证人、连带债务人的效力

和解协议的效力不及于保证人、连带债务人和物上保证人。根据《破产法》第96条第2款、第101条之规定，对债务人的特定财产享有担保权的权利人，自人民法院裁定和解之日起可以行使权利。和解债权人对债务人的保证人和其他连带债务人所享有的权利，不受和解协议的影响。

四、和解的终结

《破产法》规定和解程序的启动仅需债务人在自身具备破产原

因时即可启动，而终止和解协议的执行亦是由于出现债务人不执行和解协议，不能执行和解协议，或者严重侵犯债权人的共同利益时，为保护债权人的合法权益，法院根据债权人的申请或者依职权裁定废止已经生效的和解协议。

（一）终止和解协议的执行

根据《破产法》第103条、第104条第1款的规定，可能因以下三个方面原因而不能继续进行，从而使和解程序归于消灭：

（1）债务人不执行和解协议。和解协议经人民法院裁定生效后，对债务人和全体债权人均有约束力。如果债务人不执行和解协议，债权人作出的让步和破产程序的中止就失去了意义，这也说明债务人对和解并无诚意，此时应当终止和解协议的执行，恢复破产程序，由人民法院宣告债务人破产。

债务人不执行和解协议包括完全没有执行和部分没有执行。对于后者，应当根据不同的情况作出不同的处理。

（2）债务人不能执行和解协议。和解的目的在于使企业的财务状况获得根本好转，恢复偿债能力。但是如果执行期限届满前即有证据证明债务人的复兴已无可能，那么财产的减少也就意味着清偿能力的进一步丧失，所以在整顿期限届满前，只要债务人的财产状况继续恶化，债权人即可以申请人民法院终结整顿程序，宣告企业破产。

（3）因债务人的欺诈或者其他违法行为而成立和解协议。《破产法（试行）》第35条列举了严重损害债权人利益的行为，包括：隐匿、私分或者无偿转让财产；非正常压价出售财产；对原来没有财产担保的债务提供财产担保；对未到期的债务提前清偿；放弃自己的债权。只要债务人有上述行为之一，并且从行为所涉及的财产数额、造成的后果看，构成"严重损害"的，债权人会议或者部分债权人即有权申请人民法院终结整顿程序，宣告债务人破产。人民法院也可以依职权裁定终结整顿，宣告债务人破产。而《破产法》第103条规定："因债务人的欺诈或者其他违法行为而成立的和解协议，人民法院应当裁定无效，并宣告债务人破产。"该法对于"债务人的欺诈或者其他违法行为"虽无具体列举，但依凭为保证和解协议的合法性以防止损害个别债权人利益的立法目的，则可将《破产法（试行）》中所列举的严重损害债权人利益的行为尽数包括其中，且不局限于此，从而在实务中对抗恶意债务人，充分保护在和解协议中让步的债权人。

（二）终止和解协议执行的法律后果

（1）在有上述法定事由时，人民法院经和解债权人请求，应当裁定终止和解协议的执行，并宣告债务人破产。

（2）债权人让步的取消及受偿部分的保持力。

依据《破产法》第104条之规定，人民法院裁定终止和解协议执行的，和解债权人在和解协议中作出的债权调整的承诺失去效力。和解债权人因执行和解协议所受的清偿仍然有效，和解债权未受清偿的部分作为破产债权。此种债权人，只有在其他债权人同自己所受的清偿达到同一比例时，才能继续接受分配。

五、法庭外的和解

法庭外的和解（out-of-court workout），其目的是债务人与债权人达成协议，协议的内容或者延长清偿期限，但不改变债权人请求权的金额；或者是改变请求权，即减少应清偿的金额。①

我国的《破产法》也规定了法庭外的和解，《破产法》第105条规定，人民法院受理破产案件申请后，债务人与全体债权人就债权债务的处理自行达成协议的，可以请求人民法院裁定认可，并同时裁定终结破产程序。

法庭外的和解经人民法院裁定认可后即具有法庭内和解的效力，这体现了法律对当事人意思自治的尊重，以及《破产法》预防破产，鼓励挽救企业的宗旨。需要注意的是，法庭外的和解需要经全体债权人同意后才能成立，这与前文所述和解协议的成立条件不同。

---

① 沈达明、郑淑君编著：《比较破产法初论》，对外贸易教育出版社1993年版，第101页。

第十一章　破产宣告程序

第一节　破产宣告

一、破产宣告的概念

破产宣告，是指法院依据当事人的申请或依法定职权，对债务人具有破产原因的事实作出有法律效力的判定，并使债务人进入破产清算程序的一种司法裁定行为。法院通过破产宣告程序确认债务人确有无法消除的破产原因，从而决定对债务人进行清算。破产宣告是破产清算程序开始的标志，是破产程序中对债务人财产进行分配的关键程序。

破产宣告都是由法院作出的，但是对破产宣告的依据，综观各国破产立法，有两种立法例：申请主义和职权主义。所谓申请主义，是指法院必须依当事人的申请，才能受理破产案件，作出破产宣告。所谓职权主义，是指法院可以依职权在无人申请的情况下受理破产案件，作出破产宣告。我国现行《破产法》在破产宣告问题上采取申请主义。

二、破产宣告的适用情形

人民法院宣告债务人破产，应当根据《破产法》的有关规定作出。根据《破产法》的规定，宣告债务人破产的情形主要有以下几种：

（1）债务人被申请破产。《破产法》第 2 条规定，企业法人不能清偿到期债务，并且资产不足以清偿全部债务或者明显缺乏清偿

143

能力的，依照《破产法》规定清理债务。

（2）债务人进入了破产重整程序，但在重整期间发生了法定事由，而由人民法院宣告破产。这些法定事由为：第一，债务人的经营状况和财产状况继续恶化，缺乏挽救的可能；第二，债务人有欺诈、恶意减少企业财产或者其他显著不利于债权人的行为；第三，由于债务人的行为致使管理人无法执行职务。

（3）债务人进入了破产重整程序，但是，债务人或管理人未能在法定期限内提出重整计划草案。

（4）重整计划未通过，并且人民法院没有强制批准重整计划。

（5）债务人不能执行或者不执行重整计划，人民法院经利害关系人申请，裁定终止重整计划的执行，并宣告债务人破产。

（6）和解协议草案经债权人会议表决没有通过，或者债权人会议通过的和解协议未获得法院认可的，人民法院宣告债务人破产。

（7）和解协议是因为债务人的欺诈或者其他不法行为而成立的，该协议无效，人民法院应宣告债务人破产。

（8）债务人不按照或者不能按和解协议规定的条件清偿债务，人民法院根据和解债权人的申请，宣告债务人破产。

三、不予宣告破产的情形

债务人因具有法定的破产原因而进入破产程序，但是在进入破产程序后，因为某些法定情形的出现而使破产原因消失，此时就不应再继续破产程序，而应当裁定终结破产程序。

《破产法》第108条规定不予破产宣告的情形有两种：

（1）来源于外部的破产宣告障碍，即第三人为债务人提供足额担保或者为债务人清偿全部到期债务的。因为第三人为债务人提供足额担保或者为债务人清偿了全部到期债务后，企业法人不能清偿到期债务的破产法定原因消失，此时破产程序无继续进行之必要。需要强调的是，第三人提供的担保必须是足额的，仅仅是对部分债务提供担保不能构成法定的破产宣告的障碍。①

（2）来源于内部的破产宣告障碍，即债务人自己已清偿全部到期债务而导致破产案件终结。债务人若将全部到期债务予以清偿，破产程序自然没有必要继续进行。

四、破产宣告的程序

（1）破产宣告的裁定。根据《破产法》第 107 条规定，人民法院对破产宣告应当以裁定的形式作出，人民法院应当在破产宣告的裁定作出之日起 5 日内将裁定送达债务人和管理人。

（2）破产宣告的公告。按照《破产法》第 107 条第 1 款的规定，人民法院将破产宣告的事实公告于众，主要通过以下两种方式：第一，对于人民法院已经知晓的债权人，应当直接通知。第二，对于人民法院不知晓的债权人、其他利害关系人等，通知应以公告的形式进行。无论是通知还是公告，在内容上均应包括破产宣告裁定的内容，如破产案件的受理法院、债务人、债权人的资产负债情况、破产宣告的理由和适用的法律、破产宣告的时间等。

五、破产宣告的效力

破产宣告的法律效力在《破产法》中没有专门规定。破产宣告是对债务人启动破产清算的程序标志。一般认为，破产宣告的法律效力主要表现在以下几个方面：

1. 对债务的效力

破产宣告后，债务人的身份由债务人变为破产人，其仅仅在破产清算意义上存在，并无权再继续各项经营活动。债务人财产成为破产财产，债务人丧失对财产和事务的管理权，债务人的法定代表人承担与清算有关的法定义务。

2. 对债权人产生的效果

破产宣告后，债权人对破产人享有的债权均视为已经到期的债

---

① 李国光主编：《企业破产法教程》，人民法院出版社 2006 年版，第249 页。

权，债权人不得在破产程序之外向破产人主张个别清偿，债权人只能依破产程序接受清偿。

第二节　破产财产的变价和分配

一、破产财产的变价

（1）破产财产变价的概念。破产财产的变价是指管理人将非金钱的破产财产，通过合法的方式加以出让，使之转化为金钱形态，以便清算分配的过程。破产宣告后，管理人在接管破产财产以后，应迅速着手进行破产变价的工作。

（2）破产财产变价的方法。破产财产变价的方法包括：第一，破产财产的估价。破产财产在变价前，有必要进行估价的，应当进行估价。破产财产的估价应当由具备合法资格的评估机构或评估师进行。第二，破产财产的变价方案。根据《破产法》第112条第2款的规定，债务人被宣告破产后，管理人应当及时拟定破产财产变价方案，提交债权人会议讨论。根据债权人会议通过或者人民法院裁定的变价方案，管理人应当适时变价出售破产财产。变价出售破产财产应通过拍卖进行。同时，该条第3款规定，按照国家规定不能拍卖或者限制转让的财产，应当按照国家规定的方式处理。

二、破产财产的分配

（1）破产财产分配的顺序。破产财产的分配，是指清算人将变价后的破产财产依法定顺序和程序分配给债权人的过程。根据《破产法》的规定，破产财产在优先清偿破产费用和共益债务后，依照下列顺序清偿：一为破产人所欠职工的工资和医疗、伤残补助、抚恤费用，所欠的应当划入职工个人账户的基本养老保险、基本医疗保险费用，以及法律、行政法规规定应当支付给职工的补偿金；二为破产人欠缴的除前项规定以外的社会保险费用和破产人所欠税款；三为普通破产债权。破产财产不足以清偿同一顺序的清偿要求的，按照比例分配。破产企业的董事、监事和高级管理人员的工资按照该企业职工的平均工资计算。

（2）破产财产的分配方案。《破产法》第 115 条第 2 款对破产财产分配方案的内容作了详细规定，按照该款规定，破产财产分配方案应当包括以下内容：①参加破产财产分配的债权人姓名（名称）、住所；②参加破产财产分配的债权额；③可供分配的破产财产数额；④破产财产分配的顺序、比例及数额；⑤实施破产财产分配的方法。

《破产法》第 114 条规定，除债权人会议有特别规定外，破产财产的分配应当以货币分配方式进行。

（3）破产财产分配方案的执行。

执行人。按照《破产法》第 116 条第 1 款的规定，具有执行力的破产财产分配方案，由破产管理人负责执行。管理人应在破产财产分配方案生效后，及时通知参加破产财产分配的债权人接受分配，并按照破产分配方案规定的顺序、方式、地点和时间，将可供分配的破产财产分配给债权人。

附条件债权的分配。按照《破产法》的规定，附条件的债权也可以进行债权申报，并作为破产债权参加破产财产的分配。但是，附条件的债权毕竟不同于一般的破产债权，具有不确定性，将随着条件的成就或者不成就，而使债权的存在与否发生变化，因此，我国《破产法》第 117 条第 1 款规定，对于附条件的债权，管理人应当将其分配额提存。

第三节　破产程序的终结

一、破产程序终结的情形

（1）因财产不足以支付破产费用而终结。《破产法》第 43 条第 4 款规定，破产财产不足以清偿破产费用的，管理人应当提请人民法院终结破产程序。人民法院应当自收到请求之日起 15 日内裁定终结破产程序，并予以公告。根据《破产法》的规定，破产费用由破产财产随时清偿，并在破产分配实施之前从破产财产中优先拨付。如果债务人的财产不足以支付破产费用，债权人就不可能再从破产财产中得到任何分配。因此，破产程序继续进行则无疑构成浪费，也没有实际意义。管理人在破产宣告前已经查明破产财产不足以清偿破产费用时，应当提请人民法院终结破产程序。破产程序随着人民法院的裁定而终结。

（2）因全体债权人同意而终结。《破产法》第105条规定，人民法院受理破产申请后，债务人与全体债权人就债权债务的处理自行达成协议的，可以请求人民法院裁定认可，并终结破产程序。全体债权人同意与债务人就债权债务自行达成协议的，是当事人对人民法院作出的放弃继续进行破产程序的意思表示。人民法院接到债务人请求裁定认可的申请后，应对申请是否符合条件进行全面的审查。如果全体债权人没有异议的，法院应裁定认可，并同时终结破产程序。

（3）因债权得到全部清偿而终结。《破产法》第108条规定，破产宣告前，第三人为债务人提供担保或者为债务人清偿全部债务，或者债务人已清偿全部到期债务的，人民法院应裁定终结破产程序，并予以公告。债权人得到全部清偿或者足额担保，破产程序就没有必要再进行下去，人民法院应当依职权裁定终结破产程序，并予以公告。

（4）因没有财产可供分配而终结。《破产法》第120条第1款规定，债务人无财产可供分配的，管理人应当请求人民法院裁定终结破产程序。债务人被宣告破产后，管理人在破产程序进行中发现债务人无财产可供分配的，人民法院裁定终结破产程序。债务人无财产的原因可能是原来预想应当存在的财产并不存在，也可能是该财产的价值已经丧失。如由于第三人行使取回权，在因破产财产发生争议的诉讼中败诉的，或者在破产宣告前并不知道破产财产是否存在，债务人被宣告破产后，最终发现没有财产的。没有财产可供分配，破产程序已没有继续进行下去的必要，管理人应当请求人民法院裁定终结破产程序。裁定一经作出，破产程序即告终结。

（5）因破产财产分配完毕而终结。这是破产程序终结最常见的原因。《破产法》第120条第2款规定，管理人在最后分配完结后，应当及时向人民法院提交破产财产分配报告，并提请人民法院裁定终结破产程序。破产分配是破产程序进行的主要目的，如果破产财产已通过破产分配的方式分配完毕，破产程序已没有任何实际意义，管理人应当在最后分配完毕后，向人民法院提交破产财产分配报告，并申请终结破产程序。人民法院在收到管理人终结破产程序的请求后，经审查没有申请不当的事由的，应在 15 日内作出终结破产程序的裁定，并予以公告。

二、破产程序终结的效力

（1）管理人办理债务人注销登记。企业法人是依法登记成立的，企业法人破产也应当办理注销登记。注销登记是企业法人消亡的法定程序，是终止企业法人权利能力和行为能力的法律形式，即取消企业法人民事主体的资格。

债务人的注销登记是人民法院作出破产程序终结裁定以后，管理人的一项法定工作，也是法定义务。只有这项工作完成，管理人的工作才宣告结束。管理人应当自破产程序终结之日起 10 日内，持人民法院终结破产程序的裁定，向债务人的原登记机关办理注销登记。

（2）管理人终止执行职务。当人民法院裁定破产程序终结，管理人在完成其法定工作后，应当终止执行职务。其中，管理人的工作是以对破产财产的接收、保管、处理和分配为中心展开的，办理债务人的注销登记是管理人的最后一项工作，所以，完成此项工作并告知人民法院后就完成了全部法定工作。同时，因为管理人是法院依法指定成立的，对人民法院负责，并报告工作。当管理人完成全部法定任务时，也应由人民法院终止其执行职务，即向管理人发出终止执行职务的法律文书。①

---

① 参见李国光主编：《新企业破产法教程》，人民法院出版社 2006 年版，第 365~371 页。

主要参考文献

1. ［美］爱泼斯坦等著，韩长印等译：《美国破产法》，中国政法大学出版社 2003 年版。

2. ［英］费奥娜·托米著，汤维建、刘静译：《英国公司和个人破产法》(第 2 版)，北京大学出版社 2010 年版。

3. 安建主编：《中华人民共和国企业破产法释义》，中国法制出版社 2006 年版。

4. 本书编写组编著：《〈中华人民共和国企业破产法〉释义及实用指南》，中国民主法制出版社 2006 年版。

5. 薄燕娜主编：《破产法教程》，对外经济贸易大学出版社 2009 年版。

6. 柴发邦主编：《破产法教程》，法律出版社 1990 年版。

7. 陈本寒主编：《商法新论》（第 2 版)，武汉大学出版社 2014 年版。

8. 陈晓峰编著：《破产清算法律风险管理策略》，法律出版社 2011 年版。

9. 范健、王建文：《公司法》（第 3 版)，法律出版社 2011 年版。

10. 范健、王建文：《破产法》，法律出版社 2009 年版。

11. 范健、王建文：《商法的价值、源流及本体》（第 2 版)，中国人民大学出版社 2007 年版。

12. 范健、王建文：《商法学》（第 3 版)，法律出版社 2012 年版。

13. 高庆年主编：《经济法律通论》，江苏大学出版社 2008 年版。

14. 郭智慧编著：《新企业破产法操作指南与文书范本》，中国法制出版社 2006 年版。

15. 韩长印主编：《破产法学》，中国政法大学出版社 2007 年版。

16. 韩传华：《企业破产法解析》，人民法院出版社 2007 年版。

17. 黄风：《罗马私法导论》，中国政法大学出版社 2003 年版。

18. 江必新主编：《法院执行办案依据手册》，人民法院出版社

2010 年版。

19. 蓝寿荣主编：《商学法》，清华大学出版社 2009 年版。

20. 李飞主编：《当代外国破产法》，中国法制出版社 2006 年版。

21. 李国光主编：《新企业破产法教程》，人民法院出版社 2006 年版。

22. 李国光主编：《新企业破产法理解与适用》，人民法院出版社 2006 年版。

23. 李曙光、宋晓明主编：《〈中华人民共和国企业破产法〉制度设计与操作指引 1》，人民法院出版社 2006 年版。

24. 李曙光：《破产法的转型：李曙光破产法文选》，法律出版社 2013 年版。

25. 李永军、王欣新、邹海林：《破产法》，中国政法大学出版社 2009 年版。

26. 李永军：《破产法——理论与规范研究》，中国政法大学出版社 2013 年版。

27. 李永祥、丁文联主编：《破产程序运作实务》，法律出版社 2007 年版。

28. 齐明：《破产法学：基本原理与立法规范》，华中科技大学出版社 2013 年版。

29. 齐树洁主编：《破产法》，厦门大学出版社 2007 年版。

30. 施天涛：《商法学》（第 4 版），法律出版社 2010 年版。

31. 孙非亚、林曦、冯莉编著：《商法要论》，知识产权出版社 2008 年版。

32. 覃有土主编：《商法学》（第 3 版），高等教育出版社 2012 年版。

33. 汤维建：《企业破产法新旧专题比较与案例应用》，中国法制出版社 2006 年版。

34. 汤维建主编：《新企业破产法解读与适用》，中国法制出版社 2006 年版。

35. 王保树主编：《中国商法年刊　和谐社会构建中的商法建

设》，北京大学出版社 2008 年版。

36. 王欣新、尹正友主编：《破产法论坛》（第 8 辑），法律出版社 2013 年版。

37. 王欣新、尹正友主编：《破产法论坛》（第 7 辑），法律出版社 2012 年版。

38. 王欣新、尹正友主编：《破产法论坛》（第 6 辑），法律出版社 2011 年版。

39. 王欣新：《破产法》（第 3 版），中国人民大学出版社 2011 年版。

40. 王欣新：《破产法理论与实务疑难问题研究（破产法卷）》，中国法制出版社 2011 年版。

41. 王延川主编：《破产法理论与实务》，中国政法大学出版社 2009 年版。

42. 王艳华主编：《破产法学》，郑州大学出版社 2009 年版。

43. 王佐发：《公司重整制度的契约分析》，中国政法大学出版社 2013 年版。

44. 吴长波：《变革中的破产法：理论与实证》，知识产权出版社 2012 年版。

45. 吴传颐编著：《比较破产法》，商务印书馆 2013 年版。

46. 吴高盛主编：《〈中华人民共和国企业破产法〉条文释义与适用》，人民法院出版社 2006 年版。

47. 奚晓明主编：《最高人民法院关于企业破产法司法解释理解与适用》，人民法院出版社 2007 年版。

48. 夏雅丽、常西岭、丁学军主编：《中国企业破产法适用》，西安地图出版社 2008 年版。

49. 邢立新等编著：《最新企业破产法实务精答》，法律出版社 2007 年版。

50. 徐民主编：《商法学》，法律出版社 2010 年版。

51. 徐学鹿主编：《商法学》（第 4 版），中国人民大学出版社 2015 年版。

52. 许德风：《破产法论　解释与功能比较的视角》，北京大学出版社 2015 年版。

53. 杨森主编：《破产法学》，中国政法大学出版社 2008 年版。

54. 杨忠孝：《破产法上的利益平衡问题研究》，北京大学出版社 2008 年版。

55. 张小炜、尹正友：《〈企业破产法〉的实施与问题》，当代世界出版社 2007 年版。

56. 赵万一主编：《商法》（第 4 版），中国人民大学出版社 2013 年版。

57. 赵万一：《商法独立与独立的商法——商法精神与商法制度管窥》，法律出版社 2013 年版。

58. 赵万一：《商法基本问题研究》（第 2 版），法律出版社 2013 年版。

59. 赵旭东主编：《商法学》（第 2 版），高等教育出版社 2011 年版。

60. 周枏：《罗马法原论》，商务印书馆 1994 年版。

61. 朱羿锟：《商法学——原理·图解·实例》，北京大学出版社 2012 年版。

62. 陈云良：《2005 年美国破产法修改与世界金融危机——兼论破产法的经济调节功能》，《政治与法律》2011 年第 4 期。

63. 陈政：《优先受偿：人身侵权债权的破产清偿顺位——从和谐社会语境中破产法的功能谈开去》，《广西社会科学》2014 年第 7 期。

64. 杜坤、周含玉：《破产重整公司治理结构逻辑分析——以利益相关者间利益冲突为视角》，《西南政法大学学报》2014 年第 4 期。

65. 郭瑞、江河：《破产程序：破解执行难问题的路径选择——以无财产可供执行案件为视角》，《法律适用》2013 年第 1 期。

66. 韩长印、何欢：《破产界限的立法功能问题——兼评〈企业破产法〉司法解释〈规定（一）〉的实际功效》，《政治与法律》2013 年第 2 期。

67. 韩长印：《债权人会议制度的若干问题》，《民商法学》2000 年第 10 期。

68. 刘颖：《论破产法中债权人最大利益原则——兼析〈企业破产法〉第 87 条第 2 款》，《甘肃政法学院学报》2014 年第 2 期。

69. 马胜：《企业破产程序中债务企业经理层与股东的博弈分析——基于相机治理视角》，《湖南社会科学》2013 年第 4 期。

70. 齐明、焦杨：《破产法体系构建的功能主义指向及其市场依赖》，《当代法学》2012 年第 5 期。

71. 任永清：《绝对优先原则与我国破产法的缺失》，《河北法学》2011 年第 10 期。

72. 孙静波：《执行与破产程序相衔接立案实务研究》，《人民司法》2013 年第 7 期。

73. 汪世虎、陈英骅：《论英国破产法对我国债权人申请破产之启示——兼论我国〈破产法〉第 7 条第 2 款之完善》，《河北法学》2014 年第 5 期。

74. 王欣新、方菲：《破产程序中大规模人身侵权债权清偿问题探究》，《政治与法律》2013 年第 2 期。

75. 王欣新、尹正友：《〈企业破产法〉在国际金融危机下的积极作用》，《中国律师》2009 年第 8 期。

76. 王欣新：《别除权论》，《法学家》1996 年第 2 期。

77. 王欣新：《破产别除权理论与实务研究》，《中国政法大学学报》2007 年第 1 期。

78. 王欣新：《破产程序与诉讼时效问题研究》，《政治与法律》2015 年第 2 期。

79. 王佐发：《破产法实施中的利益集团博弈》，《法律和社会科学》2013 年第 2 期。

80. 徐国栋：《罗马破产法研究》，《现代法学》2014 年第 1 期。

81. 杨光：《企业濒临破产时与破产重整程序中的董事信义义务研究》，《法治研究》2015 年第 1 期。

82. 杨姝玲：《论破产重整中对有财产担保债权的限制与保

护》,《河北法学》2015 年第 2 期。

83. 于莹、杨立:《破产程序中抵销规则的解释论考察》,《甘肃社会科学》2014 年第 5 期。

84. 张思明:《破产法"破与立"的价值适用分析》,《商业研究》2014 年第 4 期。

85. 郑云瑞:《破产法律制度的历史沿革》,《中国人大》2006 年第 17 期。

附录　破产法及相关司法解释

中华人民共和国企业破产法

（2006 年 8 月 27 日第十届全国人民代表大会常务委员会
第二十三次会议通过）

目　　录

第一章　总　　则

第一条　为规范企业破产程序，公平清理债权债务，保护债权人和债务人的合法权益，维护社会主义市场经济秩序，制定本法。

第二条　企业法人不能清偿到期债务，并且资产不足以清偿全部债务或者明显缺乏清偿能力的，依照本法规定清理债务。

企业法人有前款规定情形，或者有明显丧失清偿能力可能的，可以依照本法规定进行重整。

第三条　破产案件由债务人住所地人民法院管辖。

第四条　破产案件审理程序，本法没有规定的，适用民事诉讼法的有关规定。

第五条　依照本法开始的破产程序，对债务人在中华人民共和国领域外的财产发生效力。

对外国法院作出的发生法律效力的破产案件的判决、裁定，涉及债务人在中华人民共和国领域内的财产，申请或者请求人民法院承认和执行的，人民法院依照中华人民共和国缔结或者参加的国际条约，或者按照互惠原则进行审查，认为不违反中华人民共和国法律的基本原则，不损害国家主权、安全和社会公共利益，不损害中华人民共和国领域内债权人的合法权益的，裁定承认和执行。

第六条　人民法院审理破产案件，应当依法保障企业职工的合法权益，依法追究破产企业经营管理人员的法律责任。

第二章　申请和受理

第一节　申　　请

第七条　债务人有本法第二条规定的情形，可以向人民法院提出重整、和解或者破产清算申请。

债务人不能清偿到期债务，债权人可以向人民法院提出对债务人进行重整或者破产清算的申请。

企业法人已解散但未清算或者未清算完毕，资产不足以清偿债务的，依法负有清算责任的人应当向人民法院申请破产清算。

第八条　向人民法院提出破产申请，应当提交破产申请书和有关证据。

破产申请书应当载明下列事项：

（一）申请人、被申请人的基本情况；

（二）申请目的；

（三）申请的事实和理由；

（四）人民法院认为应当载明的其他事项。

债务人提出申请的，还应当向人民法院提交财产状况说明、债务清册、债权清册、有关财务会计报告、职工安置预案以及职工工资的支付和社会保险费用的缴纳情况。

第九条　人民法院受理破产申请前，申请人可以请求撤回申请。

第二节　受　理

第十条　债权人提出破产申请的，人民法院应当自收到申请之日起五日内通知债务人。债务人对申请有异议的，应当自收到人民法院的通知之日起七日内向人民法院提出。人民法院应当自异议期满之日起十日内裁定是否受理。

除前款规定的情形外，人民法院应当自收到破产申请之日起十五日内裁定是否受理。

有特殊情况需要延长前两款规定的裁定受理期限的，经上一级人民法院批准，可以延长十五日。

第十一条　人民法院受理破产申请的，应当自裁定作出之日起五日内送达申请人。

债权人提出申请的，人民法院应当自裁定作出之日起五日内送达债务人。债务人应当自裁定送达之日起十五日内，向人民法院提交财产状况说明、债务清册、债权清册、有关财务会计报告以及职工工资的支付和社会保险费用的缴纳情况。

第十二条　人民法院裁定不受理破产申请的，应当自裁定作出之日起五日内送达申请人并说明理由。申请人对裁定不服的，可以自裁定送达之日起十日内向上一级人民法院提起上诉。

人民法院受理破产申请后至破产宣告前，经审查发现债务人不符合本法第二条规定情形的，可以裁定驳回申请。申请人对裁定不服的，可以自裁定送达之日起十日内向上一级人民法院提起上诉。

第十三条　人民法院裁定受理破产申请的，应当同时指定管理人。

第十四条　人民法院应当自裁定受理破产申请之日起二十五日内通知已知债权人，并予以公告。

通知和公告应当载明下列事项：

（一）申请人、被申请人的名称或者姓名；

（二）人民法院受理破产申请的时间；

（三）申报债权的期限、地点和注意事项；

（四）管理人的名称或者姓名及其处理事务的地址；

（五）债务人的债务人或者财产持有人应当向管理人清偿债务或者交付财产的要求；

（六）第一次债权人会议召开的时间和地点；

（七）人民法院认为应当通知和公告的其他事项。

第十五条　自人民法院受理破产申请的裁定送达债务人之日起至破产程序终结之日，债务人的有关人员承担下列义务：

（一）妥善保管其占有和管理的财产、印章和账簿、文书等资料；

（二）根据人民法院、管理人的要求进行工作，并如实回答询问；

（三）列席债权人会议并如实回答债权人的询问；

（四）未经人民法院许可，不得离开住所地；

（五）不得新任其他企业的董事、监事、高级管理人员。

前款所称有关人员，是指企业的法定代表人；经人民法院决定，可以包括企业的财务管理人员和其他经营管理人员。

第十六条　人民法院受理破产申请后，债务人对个别债权人的债务清偿无效。

第十七条　人民法院受理破产申请后，债务人的债务人或者财产持有人应当向管理人清偿债务或者交付财产。

债务人的债务人或者财产持有人故意违反前款规定向债务人清偿债务或者交付财产，使债权人受到损失的，不免除其清偿债务或者交付财产的义务。

第十八条　人民法院受理破产申请后，管理人对破产申请受理前成立而债务人和对方当事人均未履行完毕的合同有权决定解除或者继续履行，并通知对方当事人。管理人自破产申请受理之日起二个月内未通知对方当事人，或者自收到对方当事人催告之日起三十日内未答复的，视为解除合同。

管理人决定继续履行合同的，对方当事人应当履行；但是，对方当事人有权要求管理人提供担保。管理人不提供担保的，视为解除合同。

第十九条　人民法院受理破产申请后，有关债务人财产的保全措施应当解除，执行程序应当中止。

第二十条　人民法院受理破产申请后，已经开始而尚未终结的有关债务人的民事诉讼或者仲裁应当中止；在管理人接管债务人的财产后，该诉讼或者仲裁继续进行。

第二十一条　人民法院受理破产申请后，有关债务人的民事诉讼，只能向受理破产申请的人民法院提起。

第三章　管　理　人

第二十二条　管理人由人民法院指定。

债权人会议认为管理人不能依法、公正执行职务或者有其他不能胜任职务情形的，可以申请人民法院予以更换。

指定管理人和确定管理人报酬的办法，由最高人民法院规定。

第二十三条　管理人依照本法规定执行职务，向人民法院报告工作，并接受债权人会议和债权人委员会的监督。

管理人应当列席债权人会议，向债权人会议报告职务执行情况，并回答询问。

第二十四条　管理人可以由有关部门、机构的人员组成的清算组或者依法设立的律师事务所、会计师事务所、破产清算事务所等社会中介机构担任。

人民法院根据债务人的实际情况，可以在征询有关社会中介机构的意见后，指定该机构具备相关专业知识并取得执业资格的人员担任管理人。

有下列情形之一的，不得担任管理人：

（一）因故意犯罪受过刑事处罚；

（二）曾被吊销相关专业执业证书；

（三）与本案有利害关系；

（四）人民法院认为不宜担任管理人的其他情形。

个人担任管理人的，应当参加执业责任保险。

第二十五条　管理人履行下列职责：

（一）接管债务人的财产、印章和账簿、文书等资料；

（二）调查债务人财产状况，制作财产状况报告；

（三）决定债务人的内部管理事务；

（四）决定债务人的日常开支和其他必要开支；

（五）在第一次债权人会议召开之前，决定继续或者停止债务人的营业；

（六）管理和处分债务人的财产；

（七）代表债务人参加诉讼、仲裁或者其他法律程序；

（八）提议召开债权人会议；

（九）人民法院认为管理人应当履行的其他职责。

本法对管理人的职责另有规定的，适用其规定。

第二十六条　在第一次债权人会议召开之前，管理人决定继续或者停止债务人的营业或者有本法第六十九条规定行为之一的，应当经人民法院许可。

第二十七条　管理人应当勤勉尽责，忠实执行职务。

第二十八条　管理人经人民法院许可，可以聘用必要的工作人员。

管理人的报酬由人民法院确定。债权人会议对管理人的报酬有异议的，有权向人民法院提出。

第二十九条　管理人没有正当理由不得辞去职务。管理人辞去职务应当经人民法院许可。

第四章　债务人财产

第三十条　破产申请受理时属于债务人的全部财产，以及破产申请受理后至破产程序终结前债务人取得的财产，为债务人财产。

第三十一条　人民法院受理破产申请前一年内，涉及债务人财产的下列行为，管理人有权请求人民法院予以撤销：

（一）无偿转让财产的；

（二）以明显不合理的价格进行交易的；

（三）对没有财产担保的债务提供财产担保的；

（四）对未到期的债务提前清偿的；

（五）放弃债权的。

第三十二条　人民法院受理破产申请前六个月内，债务人有本法第二条第一款规定的情形，仍对个别债权人进行清偿的，管理人有权请求人民法院予以撤销。但是，个别清偿使债务人财产受益的除外。

第三十三条　涉及债务人财产的下列行为无效：

（一）为逃避债务而隐匿、转移财产的；

（二）虚构债务或者承认不真实的债务的。

第三十四条　因本法第三十一条、第三十二条或者第三十三条规定的行为而取得的债务人的财产，管理人有权追回。

第三十五条　人民法院受理破产申请后，债务人的出资人尚未完全履行出资义务的，管理人应当要求该出资人缴纳所认缴的出资，而不受出资期限的限制。

第三十六条　债务人的董事、监事和高级管理人员利用职权从企业获取的非正常收入和侵占的企业财产，管理人应当追回。

第三十七条　人民法院受理破产申请后，管理人可以通过清偿债务或者提供为债权人接受的担保，取回质物、留置物。

前款规定的债务清偿或者替代担保，在质物或者留置物的价值低于被担保的债权额时，以该质物或者留置物当时的市场价值为限。

第三十八条　人民法院受理破产申请后，债务人占有的不属于债务人的财产，该财产的权利人可以通过管理人取回。但是，本法另有规定的除外。

第三十九条　人民法院受理破产申请时，出卖人已将买卖标的物向作为买受人的债务人发运，债务人尚未收到且未付清全部价款的，出卖人可以取回在运途中的标的物。但是，管理人可以支付全部价款，请求出卖人交付标的物。

第四十条　债权人在破产申请受理前对债务人负有债务的，可以向管理人主张抵销。但是，有下列情形之一的，不得抵销：

（一）债务人的债务人在破产申请受理后取得他人对债务人的债权的；

（二）债权人已知债务人有不能清偿到期债务或者破产申请的事实，对债务人负担债务的；但是，债权人因为法律规定或者有破产申请一年前所发生的原因而负担债务的除外；

（三）债务人的债务人已知债务人有不能清偿到期债务或者破产申请的事实，对债务人取得债权的；但是，债务人的债务人因为法律规定或者有破产申请一年前所发生的原因而取得债权的除外。

第五章　破产费用和共益债务

第四十一条　人民法院受理破产申请后发生的下列费用，为破产费用：

（一）破产案件的诉讼费用；

（二）管理、变价和分配债务人财产的费用；

（三）管理人执行职务的费用、报酬和聘用工作人员的费用。

第四十二条　人民法院受理破产申请后发生的下列债务，为共益债务：

（一）因管理人或者债务人请求对方当事人履行双方均未履行完毕的合同所产生的债务；

（二）债务人财产受无因管理所产生的债务；

（三）因债务人不当得利所产生的债务；

（四）为债务人继续营业而应支付的劳动报酬和社会保险费用以及由此产生的其他债务；

（五）管理人或者相关人员执行职务致人损害所产生的债务；

（六）债务人财产致人损害所产生的债务。

第四十三条　破产费用和共益债务由债务人财产随时清偿。

债务人财产不足以清偿所有破产费用和共益债务的，先行清偿破产费用。

债务人财产不足以清偿所有破产费用或者共益债务的，按照比例清偿。

债务人财产不足以清偿破产费用的，管理人应当提请人民法院终结破产程序。人民法院应当自收到请求之日起十五日内裁定终结破产程序，并予以公告。

第六章　债权申报

第四十四条　人民法院受理破产申请时对债务人享有债权的债权人，依照本法规定的程序行使权利。

第四十五条　人民法院受理破产申请后，应当确定债权人申报债权的期限。债权申报期限自人民法院发布受理破产申请公告之日起计算，最短不得少于三十日，最长不得超过三个月。

第四十六条　未到期的债权，在破产申请受理时视为到期。

附利息的债权自破产申请受理时起停止计息。

第四十七条　附条件、附期限的债权和诉讼、仲裁未决的债权，债权人可以申报。

第四十八条　债权人应当在人民法院确定的债权申报期限内向管理人申报债权。

债务人所欠职工的工资和医疗、伤残补助、抚恤费用，所欠的应当划入职工个人账户的基本养老保险、基本医疗保险费用，以及法律、行政法规规定应当支付给职工的补偿金，不必申报，由管理人调查后列出清单并予以公示。职工对清单记载有异议的，可以要求管理人更正；管理人不予更正的，职工可以向人民法院提起诉讼。

第四十九条 债权人申报债权时，应当书面说明债权的数额和有无财产担保，并提交有关证据。申报的债权是连带债权的，应当说明。

第五十条 连带债权人可以由其中一人代表全体连带债权人申报债权，也可以共同申报债权。

第五十一条 债务人的保证人或者其他连带债务人已经代替债务人清偿债务的，以其对债务人的求偿权申报债权。

债务人的保证人或者其他连带债务人尚未代替债务人清偿债务的，以其对债务人的将来求偿权申报债权。但是，债权人已经向管理人申报全部债权的除外。

第五十二条 连带债务人数人被裁定适用本法规定的程序的，其债权人有权就全部债权分别在各破产案件中申报债权。

第五十三条 管理人或者债务人依照本法规定解除合同的，对方当事人以因合同解除所产生的损害赔偿请求权申报债权。

第五十四条 债务人是委托合同的委托人，被裁定适用本法规定的程序，受托人不知该事实，继续处理委托事务的，受托人以由此产生的请求权申报债权。

第五十五条 债务人是票据的出票人，被裁定适用本法规定的程序，该票据的付款人继续付款或者承兑的，付款人以由此产生的请求权申报债权。

第五十六条 在人民法院确定的债权申报期限内，债权人未申报债权的，可以在破产财产最后分配前补充申报；但是，此前已进行的分配，不再对其补充分配。为审查和确认补充申报债权的费用，由补充申报人承担。

债权人未依照本法规定申报债权的，不得依照本法规定的程序行使权利。

第五十七条 管理人收到债权申报材料后，应当登记造册，对申报的债权进行审查，并编制债权表。

债权表和债权申报材料由管理人保存，供利害关系人查阅。

第五十八条 依照本法第五十七条规定编制的债权表，应当提交第一次债权人会议核查。

债务人、债权人对债权表记载的债权无异议的，由人民法院裁定确认。

债务人、债权人对债权表记载的债权有异议的，可以向受理破产申请的人民法院提起诉讼。

第七章 债权人会议

第一节 一般规定

第五十九条 依法申报债权的债权人为债权人会议的成员，有权参加债权人会议，享有表决权。

债权尚未确定的债权人，除人民法院能够为其行使表决权而临时确定债权额的外，不得行使表决权。

对债务人的特定财产享有担保权的债权人，未放弃优先受偿权利的，对于本法第六十一条第一款第七项、第十项规定的事项不享有表决权。

债权人可以委托代理人出席债权人会议，行使表决权。代理人出席债权人会议，应当向人民法院或者债权人会议主席提交债权人的授权委托书。

债权人会议应当有债务人的职工和工会的代表参加，对有关事项发表意见。

第六十条 债权人会议设主席一人，由人民法院从有表决权的债权人中指定。

债权人会议主席主持债权人会议。

第六十一条 债权人会议行使下列职权：

（一）核查债权；

（二）申请人民法院更换管理人，审查管理人的费用和报酬；

（三）　监督管理人；

（四）　选任和更换债权人委员会成员；

（五）　决定继续或者停止债务人的营业；

（六）　通过重整计划；

（七）　通过和解协议；

（八）　通过债务人财产的管理方案；

（九）　通过破产财产的变价方案；

（十）　通过破产财产的分配方案；

（十一）　人民法院认为应当由债权人会议行使的其他职权。

债权人会议应当对所议事项的决议作成会议记录。

第六十二条　第一次债权人会议由人民法院召集，自债权申报期限届满之日起十五日内召开。

以后的债权人会议，在人民法院认为必要时，或者管理人、债权人委员会、占债权总额四分之一以上的债权人向债权人会议主席提议时召开。

第六十三条　召开债权人会议，管理人应当提前十五日通知已知的债权人。

第六十四条　债权人会议的决议，由出席会议的有表决权的债权人过半数通过，并且其所代表的债权额占无财产担保债权总额的二分之一以上。但是，本法另有规定的除外。

债权人认为债权人会议的决议违反法律规定，损害其利益的，可以自债权人会议作出决议之日起十五日内，请求人民法院裁定撤销该决议，责令债权人会议依法重新作出决议。

债权人会议的决议，对于全体债权人均有约束力。

第六十五条　本法第六十一条第一款第八项、第九项所列事项，经债权人会议表决未通过的，由人民法院裁定。

本法第六十一条第一款第十项所列事项，经债权人会议二次表决仍未通过的，由人民法院裁定。

对前两款规定的裁定，人民法院可以在债权人会议上宣布或者另行通知债权人。

第六十六条　债权人对人民法院依照本法第六十五条第一款作

出的裁定不服的，债权额占无财产担保债权总额二分之一以上的债权人对人民法院依照本法第六十五条第二款作出的裁定不服的，可以自裁定宣布之日或者收到通知之日起十五日内向该人民法院申请复议。复议期间不停止裁定的执行。

第二节 债权人委员会

第六十七条 债权人会议可以决定设立债权人委员会。债权人委员会由债权人会议选任的债权人代表和一名债务人的职工代表或者工会代表组成。债权人委员会成员不得超过九人。

债权人委员会成员应当经人民法院书面决定认可。

第六十八条 债权人委员会行使下列职权：

（一）监督债务人财产的管理和处分；

（二）监督破产财产分配；

（三）提议召开债权人会议；

（四）债权人会议委托的其他职权。

债权人委员会执行职务时，有权要求管理人、债务人的有关人员对其职权范围内的事务作出说明或者提供有关文件。

管理人、债务人的有关人员违反本法规定拒绝接受监督的，债权人委员会有权就监督事项请求人民法院作出决定；人民法院应当在五日内作出决定。

第六十九条 管理人实施下列行为，应当及时报告债权人委员会：

（一）涉及土地、房屋等不动产权益的转让；

（二）探矿权、采矿权、知识产权等财产权的转让；

（三）全部库存或者营业的转让；

（四）借款；

（五）设定财产担保；

（六）债权和有价证券的转让；

（七）履行债务人和对方当事人均未履行完毕的合同；

（八）放弃权利；

（九）担保物的取回；

（十）对债权人利益有重大影响的其他财产处分行为。

未设立债权人委员会的，管理人实施前款规定的行为应当及时报告人民法院。

第八章　重　　整

第一节　重整申请和重整期间

第七十条　债务人或者债权人可以依照本法规定，直接向人民法院申请对债务人进行重整。

债权人申请对债务人进行破产清算的，在人民法院受理破产申请后、宣告债务人破产前，债务人或者出资额占债务人注册资本十分之一以上的出资人，可以向人民法院申请重整。

第七十一条　人民法院经审查认为重整申请符合本法规定的，应当裁定债务人重整，并予以公告。

第七十二条　自人民法院裁定债务人重整之日起至重整程序终止，为重整期间。

第七十三条　在重整期间，经债务人申请，人民法院批准，债务人可以在管理人的监督下自行管理财产和营业事务。

有前款规定情形的，依照本法规定已接管债务人财产和营业事务的管理人应当向债务人移交财产和营业事务，本法规定的管理人的职权由债务人行使。

第七十四条　管理人负责管理财产和营业事务的，可以聘任债务人的经营管理人员负责营业事务。

第七十五条　在重整期间，对债务人的特定财产享有的担保权暂停行使。但是，担保物有损坏或者价值明显减少的可能，足以危害担保权人权利的，担保权人可以向人民法院请求恢复行使担保权。

在重整期间，债务人或者管理人为继续营业而借款的，可以为该借款设定担保。

第七十六条　债务人合法占有的他人财产，该财产的权利人在重整期间要求取回的，应当符合事先约定的条件。

第七十七条　在重整期间，债务人的出资人不得请求投资收益分配。

在重整期间，债务人的董事、监事、高级管理人员不得向第三人转让其持有的债务人的股权。但是，经人民法院同意的除外。

第七十八条　在重整期间，有下列情形之一的，经管理人或者利害关系人请求，人民法院应当裁定终止重整程序，并宣告债务人破产：

（一）债务人的经营状况和财产状况继续恶化，缺乏挽救的可能性；

（二）债务人有欺诈、恶意减少债务人财产或者其他显著不利于债权人的行为；

（三）由于债务人的行为致使管理人无法执行职务。

第二节　重整计划的制定和批准

第七十九条　债务人或者管理人应当自人民法院裁定债务人重整之日起六个月内，同时向人民法院和债权人会议提交重整计划草案。

前款规定的期限届满，经债务人或者管理人请求，有正当理由的，人民法院可以裁定延期三个月。

债务人或者管理人未按期提出重整计划草案的，人民法院应当裁定终止重整程序，并宣告债务人破产。

第八十条　债务人自行管理财产和营业事务的，由债务人制作重整计划草案。

管理人负责管理财产和营业事务的，由管理人制作重整计划草案。

第八十一条　重整计划草案应当包括下列内容：

（一）债务人的经营方案；

（二）债权分类；

（三）债权调整方案；

（四）债权受偿方案；

（五）重整计划的执行期限；

（六）重整计划执行的监督期限；

（七）有利于债务人重整的其他方案。

第八十二条 下列各类债权的债权人参加讨论重整计划草案的债权人会议，依照下列债权分类，分组对重整计划草案进行表决：

（一）对债务人的特定财产享有担保权的债权；

（二）债务人所欠职工的工资和医疗、伤残补助、抚恤费用，所欠的应当划入职工个人账户的基本养老保险、基本医疗保险费用，以及法律、行政法规规定应当支付给职工的补偿金；

（三）债务人所欠税款；

（四）普通债权。

人民法院在必要时可以决定在普通债权组中设小额债权组对重整计划草案进行表决。

第八十三条 重整计划不得规定减免债务人欠缴的本法第八十二条第一款第二项规定以外的社会保险费用；该项费用的债权人不参加重整计划草案的表决。

第八十四条 人民法院应当自收到重整计划草案之日起三十日内召开债权人会议，对重整计划草案进行表决。

出席会议的同一表决组的债权人过半数同意重整计划草案，并且其所代表的债权额占该组债权总额的三分之二以上的，即为该组通过重整计划草案。

债务人或者管理人应当向债权人会议就重整计划草案作出说明，并回答询问。

第八十五条 债务人的出资人代表可以列席讨论重整计划草案的债权人会议。

重整计划草案涉及出资人权益调整事项的，应当设出资人组，对该事项进行表决。

第八十六条 各表决组均通过重整计划草案时，重整计划即为通过。

自重整计划通过之日起十日内，债务人或者管理人应当向人民法院提出批准重整计划的申请。人民法院经审查认为符合本法规定的，应当自收到申请之日起三十日内裁定批准，终止重整程序，并予以公告。

第八十七条 部分表决组未通过重整计划草案的，债务人或者管理人可以同未通过重整计划草案的表决组协商。该表决组可以在协商后再表决一次。双方协商的结果不得损害其他表决组的利益。

未通过重整计划草案的表决组拒绝再次表决或者再次表决仍未通过重整计划草案，但重整计划草案符合下列条件的，债务人或者管理人可以申请人民法院批准重整计划草案：

（一）按照重整计划草案，本法第八十二条第一款第一项所列债权就该特定财产将获得全额清偿，其因延期清偿所受的损失将得到公平补偿，并且其担保权未受到实质性损害，或者该表决组已经通过重整计划草案；

（二）按照重整计划草案，本法第八十二条第一款第二项、第三项所列债权将获得全额清偿，或者相应表决组已经通过重整计划草案；

（三）按照重整计划草案，普通债权所获得的清偿比例，不低于其在重整计划草案被提请批准时依照破产清算程序所能获得的清偿比例，或者该表决组已经通过重整计划草案；

（四）重整计划草案对出资人权益的调整公平、公正，或者出资人组已经通过重整计划草案；

（五）重整计划草案公平对待同一表决组的成员，并且所规定的债权清偿顺序不违反本法第一百一十三条的规定；

（六）债务人的经营方案具有可行性。

人民法院经审查认为重整计划草案符合前款规定的，应当自收到申请之日起三十日内裁定批准，终止重整程序，并予以公告。

第八十八条　重整计划草案未获得通过且未依照本法第八十七条的规定获得批准，或者已通过的重整计划未获得批准的，人民法院应当裁定终止重整程序，并宣告债务人破产。

第三节　重整计划的执行

第八十九条　重整计划由债务人负责执行。

人民法院裁定批准重整计划后，已接管财产和营业事务的管理人应当向债务人移交财产和营业事务。

第九十条　自人民法院裁定批准重整计划之日起，在重整计划规定的监督期内，由管理人监督重整计划的执行。

在监督期内,债务人应当向管理人报告重整计划执行情况和债务人财务状况。

第九十一条 监督期届满时,管理人应当向人民法院提交监督报告。自监督报告提交之日起,管理人的监督职责终止。

管理人向人民法院提交的监督报告,重整计划的利害关系人有权查阅。

经管理人申请,人民法院可以裁定延长重整计划执行的监督期限。

第九十二条 经人民法院裁定批准的重整计划,对债务人和全体债权人均有约束力。

债权人未依照本法规定申报债权的,在重整计划执行期间不得行使权利;在重整计划执行完毕后,可以按照重整计划规定的同类债权的清偿条件行使权利。

债权人对债务人的保证人和其他连带债务人所享有的权利,不受重整计划的影响。

第九十三条 债务人不能执行或者不执行重整计划的,人民法院经管理人或者利害关系人请求,应当裁定终止重整计划的执行,并宣告债务人破产。

人民法院裁定终止重整计划执行的,债权人在重整计划中作出的债权调整的承诺失去效力。债权人因执行重整计划所受的清偿仍然有效,债权未受清偿的部分作为破产债权。

前款规定的债权人,只有在其他同顺位债权人同自己所受的清偿达到同一比例时,才能继续接受分配。

有本条第一款规定情形的,为重整计划的执行提供的担保继续有效。

第九十四条 按照重整计划减免的债务,自重整计划执行完毕时起,债务人不再承担清偿责任。

第九章 和 解

第九十五条 债务人可以依照本法规定,直接向人民法院申请和解；也可以在人民法院受理破产申请后、宣告债务人破产前，向人民法院申请和解。

债务人申请和解，应当提出和解协议草案。

第九十六条　人民法院经审查认为和解申请符合本法规定的，应当裁定和解，予以公告，并召集债权人会议讨论和解协议草案。

对债务人的特定财产享有担保权的权利人，自人民法院裁定和解之日起可以行使权利。

第九十七条　债权人会议通过和解协议的决议，由出席会议的有表决权的债权人过半数同意，并且其所代表的债权额占无财产担保债权总额的三分之二以上。

第九十八条　债权人会议通过和解协议的，由人民法院裁定认可，终止和解程序，并予以公告。管理人应当向债务人移交财产和营业事务，并向人民法院提交执行职务的报告。

第九十九条　和解协议草案经债权人会议表决未获得通过，或者已经债权人会议通过的和解协议未获得人民法院认可的，人民法院应当裁定终止和解程序，并宣告债务人破产。

第一百条　经人民法院裁定认可的和解协议，对债务人和全体和解债权人均有约束力。

和解债权人是指人民法院受理破产申请时对债务人享有无财产担保债权的人。

和解债权人未依照本法规定申报债权的，在和解协议执行期间不得行使权利；在和解协议执行完毕后，可以按照和解协议规定的清偿条件行使权利。

第一百零一条　和解债权人对债务人的保证人和其他连带债务人所享有的权利，不受和解协议的影响。

第一百零二条　债务人应当按照和解协议规定的条件清偿债务。

第一百零三条　因债务人的欺诈或者其他违法行为而成立的和解协议，人民法院应当裁定无效，并宣告债务人破产。

有前款规定情形的，和解债权人因执行和解协议所受的清偿，在其他债权人所受清偿同等比例的范围内，不予返还。

第一百零四条　债务人不能执行或者不执行和解协议的，人民法院经和解债权人请求，应当裁定终止和解协议的执行，并宣告债务人破产。

人民法院裁定终止和解协议执行的，和解债权人在和解协议中作出的债权调整的承诺失去效力。和解债权人因执行和解协议所受的清偿仍然有效，和解债权未受清偿的部分作为破产债权。

前款规定的债权人，只有在其他债权人同自己所受的清偿达到同一比例时，才能继续接受分配。

有本条第一款规定情形的，为和解协议的执行提供的担保继续有效。

第一百零五条　人民法院受理破产申请后，债务人与全体债权人就债权债务的处理自行达成协议的，可以请求人民法院裁定认可，并终结破产程序。

第一百零六条　按照和解协议减免的债务，自和解协议执行完毕时起，债务人不再承担清偿责任。

第十章　破产清算

第一节　破产宣告

第一百零七条　人民法院依照本法规定宣告债务人破产的，应当自裁定作出之日起五日内送达债务人和管理人，自裁定作出之日起十日内通知已知债权人，并予以公告。

债务人被宣告破产后，债务人称为破产人，债务人财产称为破产财产，人民法院受理破产申请时对债务人享有的债权称为破产债权。

第一百零八条　破产宣告前，有下列情形之一的，人民法院应当裁定终结破产程序，并予以公告：

（一）第三人为债务人提供足额担保或者为债务人清偿全部到期债务的；

（二）债务人已清偿全部到期债务的。

第一百零九条　对破产人的特定财产享有担保权的权利人，对该特定财产享有优先受偿的权利。

第一百一十条 享有本法第一百零九条规定权利的债权人行使优先受偿权利未能完全受偿的，其未受偿的债权作为普通债权；放弃优先受偿权利的，其债权作为普通债权。

第二节 变价和分配

第一百一十一条 管理人应当及时拟订破产财产变价方案，提交债权人会议讨论。

管理人应当按照债权人会议通过的或者人民法院依照本法第六十五条第一款规定裁定的破产财产变价方案，适时变价出售破产财产。

第一百一十二条 变价出售破产财产应当通过拍卖进行。但是，债权人会议另有决议的除外。

破产企业可以全部或者部分变价出售。企业变价出售时，可以将其中的无形资产和其他财产单独变价出售。

按照国家规定不能拍卖或者限制转让的财产，应当按照国家规定的方式处理。

第一百一十三条 破产财产在优先清偿破产费用和共益债务后，依照下列顺序清偿：

（一）破产人所欠职工的工资和医疗、伤残补助、抚恤费用，所欠的应当划入职工个人账户的基本养老保险、基本医疗保险费用，以及法律、行政法规规定应当支付给职工的补偿金；

（二）破产人欠缴的除前项规定以外的社会保险费用和破产人所欠税款；

（三）普通破产债权。

破产财产不足以清偿同一顺序的清偿要求的，按照比例分配。

破产企业的董事、监事和高级管理人员的工资按照该企业职工的平均工资计算。

第一百一十四条 破产财产的分配应当以货币分配方式进行。但是，债权人会议另有决议的除外。

第一百一十五条 管理人应当及时拟订破产财产分配方案，提交债权人会议讨论。

破产财产分配方案应当载明下列事项：

（一）参加破产财产分配的债权人名称或者姓名、住所；

（二）参加破产财产分配的债权额；

（三）可供分配的破产财产数额；

（四）破产财产分配的顺序、比例及数额；

（五）实施破产财产分配的方法。

债权人会议通过破产财产分配方案后，由管理人将该方案提请人民法院裁定认可。

第一百一十六条　破产财产分配方案经人民法院裁定认可后，由管理人执行。

管理人按照破产财产分配方案实施多次分配的，应当公告本次分配的财产额和债权额。管理人实施最后分配的，应当在公告中指明，并载明本法第一百一十七条第二款规定的事项。

第一百一十七条　对于附生效条件或者解除条件的债权，管理人应当将其分配额提存。

管理人依照前款规定提存的分配额，在最后分配公告日，生效条件未成就或者解除条件成就的，应当分配给其他债权人；在最后分配公告日，生效条件成就或者解除条件未成就的，应当交付给债权人。

第一百一十八条　债权人未受领的破产财产分配额，管理人应当提存。债权人自最后分配公告之日起满二个月仍不领取的，视为放弃受领分配的权利，管理人或者人民法院应当将提存的分配额分配给其他债权人。

第一百一十九条　破产财产分配时，对于诉讼或者仲裁未决的债权，管理人应当将其分配额提存。自破产程序终结之日起满二年仍不能受领分配的，人民法院应当将提存的分配额分配给其他债权人。

第三节　破产程序的终结

第一百二十条　破产人无财产可供分配的，管理人应当请求人民法院裁定终结破产程序。

管理人在最后分配完结后，应当及时向人民法院提交破产财产分配报告，并提请人民法院裁定终结破产程序。

人民法院应当自收到管理人终结破产程序的请求之日起十五日内作出是否终结破产程序的裁定。裁定终结的，应当予以公告。

第一百二十一条　管理人应当自破产程序终结之日起十日内，持人民法院终结破产程序的裁定，向破产人的原登记机关办理注销登记。

第一百二十二条　管理人于办理注销登记完毕的次日终止执行职务。但是，存在诉讼或者仲裁未决情况的除外。

第一百二十三条　自破产程序依照本法第四十三条第四款或者第一百二十条的规定终结之日起二年内，有下列情形之一的，债权人可以请求人民法院按照破产财产分配方案进行追加分配：

（一）发现有依照本法第三十一条、第三十二条、第三十三条、第三十六条规定应当追回的财产的；

（二）发现破产人有应当供分配的其他财产的。

有前款规定情形，但财产数量不足以支付分配费用的，不再进行追加分配，由人民法院将其上交国库。

第一百二十四条　破产人的保证人和其他连带债务人，在破产程序终结后，对债权人依照破产清算程序未受清偿的债权，依法继续承担清偿责任。

第十一章　法　律　责　任

第一百二十五条　企业董事、监事或者高级管理人员违反忠实义务、勤勉义务，致使所在企业破产的，依法承担民事责任。

有前款规定情形的人员，自破产程序终结之日起三年内不得担任任何企业的董事、监事、高级管理人员。

第一百二十六条　有义务列席债权人会议的债务人的有关人员，经人民法院传唤，无正当理由拒不列席债权人会议的，人民法院可以拘传，并依法处以罚款。债务人的有关人员违反本法规定，拒不陈述、回答，或者作虚假陈述、回答的，人民法院可以依法处以罚款。

第一百二十七条　债务人违反本法规定，拒不向人民法院提交或者提交不真实的财产状况说明、债务清册、债权清册、有关财务会计报告以及职工工资的支付情况和社会保险费用的缴纳情况的，人民法院可以对直接责任人员依法处以罚款。

债务人违反本法规定，拒不向管理人移交财产、印章和账簿、文书等资料的，或者伪造、销毁有关财产证据材料而使财产状况不明的，人民法院可以对直接责任人员依法处以罚款。

第一百二十八条　债务人有本法第三十一条、第三十二条、第三十三条规定的行为，损害债权人利益的，债务人的法定代表人和其他直接责任人员依法承担赔偿责任。

第一百二十九条　债务人的有关人员违反本法规定，擅自离开住所地的，人民法院可以予以训诫、拘留，可以依法并处罚款。

第一百三十条　管理人未依照本法规定勤勉尽责，忠实执行职务的，人民法院可以依法处以罚款；给债权人、债务人或者第三人造成损失的，依法承担赔偿责任。

第一百三十一条　违反本法规定，构成犯罪的，依法追究刑事责任。

第十二章　附　　则

第一百三十二条　本法施行后，破产人在本法公布之日前所欠职工的工资和医疗、伤残补助、抚恤费用，所欠的应当划入职工个人账户的基本养老保险、基本医疗保险费用，以及法律、行政法规规定应当支付给职工的补偿金，依照本法第一百一十三条的规定清偿后不足以清偿的部分，以本法第一百零九条规定的特定财产优先于对该特定财产享有担保权的权利人受偿。

第一百三十三条　在本法施行前国务院规定的期限和范围内的国有企业实施破产的特殊事宜，按照国务院有关规定办理。

第一百三十四条　商业银行、证券公司、保险公司等金融机构有本法第二条规定情形的，国务院金融监督管理机构可以向人民法院提出对该金融机构进行重整或者破产清算的申请。国务院金融监督管理机构依法对出现重大经营风险的金融机构采取接管、托管等措施的，可以向人民法院申请中止以该金融机构为被告或者被执行人的民事诉讼程序或者执行程序。

金融机构实施破产的，国务院可以依据本法和其他有关法律的规定制定实施办法。

第一百三十五条　其他法律规定企业法人以外的组织的清算，属于破产清算的，参照适用本法规定的程序。

第一百三十六条　本法自 2007 年 6 月 1 日起施行，《中华人民共和国企业破产法（试行）》同时废止。

最高人民法院关于适用
《中华人民共和国企业破产法》
若干问题的规定（一）

（法释〔2011〕22号）

为正确适用《中华人民共和国企业破产法》，结合审判实践，就人民法院依法受理企业破产案件适用法律问题作出如下规定。

第一条　债务人不能清偿到期债务并且具有下列情形之一的，人民法院应当认定其具备破产原因：

（一）资产不足以清偿全部债务；

（二）明显缺乏清偿能力。

相关当事人以对债务人的债务负有连带责任的人未丧失清偿能力为由，主张债务人不具备破产原因的，人民法院应不予支持。

第二条　下列情形同时存在的，人民法院应当认定债务人不能清偿到期债务：

（一）债权债务关系依法成立；

（二）债务履行期限已经届满；

（三）债务人未完全清偿债务。

第三条　债务人的资产负债表，或者审计报告、资产评估报告等显示其全部资产不足以偿付全部负债的，人民法院应当认定债务人资产不足以清偿全部债务，但有相反证据足以证明债务人资产能够偿付全部负债的除外。

第四条　债务人账面资产虽大于负债，但存在下列情形之一的，人民法院应当认定其明显缺乏清偿能力：

（一）因资金严重不足或者财产不能变现等原因，无法清偿债务；

（二）法定代表人下落不明且无其他人员负责管理财产，无法清偿债务；

（三）经人民法院强制执行，无法清偿债务；

（四）长期亏损且经营扭亏困难，无法清偿债务；

（五）导致债务人丧失清偿能力的其他情形。

第五条　企业法人已解散但未清算或者未在合理期限内清算完毕，债权人申请债务人破产清算的，除债务人在法定异议期限内举证证明其未出现破产原因外，人民法院应当受理。

第六条　债权人申请债务人破产的，应当提交债务人不能清偿到期债务的有关证据。债务人对债权人的申请未在法定期限内向人民法院提出异议，或者异议不成立的，人民法院应当依法裁定受理破产申请。

受理破产申请后，人民法院应当责令债务人依法提交其财产状况说明、债务清册、债权清册、财务会计报告等有关材料，债务人拒不提交的，人民法院可以对债务人的直接责任人员采取罚款等强制措施。

第七条　人民法院收到破产申请时，应当向申请人出具收到申请及所附证据的书面凭证。

人民法院收到破产申请后应当及时对申请人的主体资格、债务人的主体资格和破产原因，以及有关材料和证据等进行审查，并依据企业破产法第十条的规定作出是否受理的裁定。

人民法院认为申请人应当补充、补正相关材料的，应当自收到破产申请之日起五日内告知申请人。当事人补充、补正相关材料的期间不计入企业破产法第十条规定的期限。

第八条　破产案件的诉讼费用，应根据企业破产法第四十三条的规定，从债务人财产中拨付。相关当事人以申请人未预先交纳诉讼费用为由，对破产申请提出异议的，人民法院不予支持。

第九条　申请人向人民法院提出破产申请，人民法院未接收其申请，或者未按本规定第七条执行的，申请人可以向上一级人民法院提出破产申请。

上一级人民法院接到破产申请后，应当责令下级法院依法审查并及时作出是否受理的裁定；下级法院仍不作出是否受理裁定的，上一级人民法院可以径行作出裁定。

上一级人民法院裁定受理破产申请的，可以同时指令下级人民法院审理该案件。

最高人民法院关于适用
《中华人民共和国企业破产法》
若干问题的规定（二）

（法释〔2013〕22号）

根据《中华人民共和国企业破产法》、《中华人民共和国物权法》、《中华人民共和国合同法》等相关法律，结合审判实践，就人民法院审理企业破产案件中认定债务人财产相关的法律适用问题，制定本规定。

第一条　除债务人所有的货币、实物外，债务人依法享有的可以用货币估价并可以依法转让的债权、股权、知识产权、用益物权等财产和财产权益，人民法院均应认定为债务人财产。

第二条　下列财产不应认定为债务人财产：

（一）债务人基于仓储、保管、承揽、代销、借用、寄存、租赁等合同或者其他法律关系占有、使用的他人财产；

（二）债务人在所有权保留买卖中尚未取得所有权的财产；

（三）所有权专属于国家且不得转让的财产；

（四）其他依照法律、行政法规不属于债务人的财产。

第三条　债务人已依法设定担保物权的特定财产，人民法院应当认定为债务人财产。

对债务人的特定财产在担保物权消灭或者实现担保物权后的剩余部分，在破产程序中可用以清偿破产费用、共益债务和其他破产债权。

第四条　债务人对按份享有所有权的共有财产的相关份额，或者共同享有所有权的共有财产的相应财产权利，以及依法分割共有财产所得部分，人民法院均应认定为债务人财产。

人民法院宣告债务人破产清算，属于共有财产分割的法定事由。人民法院裁定债务人重整或者和解的，共有财产的分割应当依据物权法第九十九条的规定进行；基于重整或者和解的需要必须分割共有财产，管理人请求分割的，人民法院应予准许。

因分割共有财产导致其他共有人损害产生的债务，其他共有人请求作为共益债务清偿的，人民法院应予支持。

第五条　破产申请受理后，有关债务人财产的执行程序未依照企业破产法第十九条的规定中止的，采取执行措施的相关单位应当依法予以纠正。依法执行回转的财产，人民法院应当认定为债务人财产。

第六条　破产申请受理后，对于可能因有关利益相关人的行为或者其他原因，影响破产程序依法进行的，受理破产申请的人民法院可以根据管理人的申请或者依职权，对债务人的全部或者部分财产采取保全措施。

第七条　对债务人财产已采取保全措施的相关单位，在知悉人民法院已裁定受理有关债务人的破产申请后，应当依照企业破产法第十九条的规定及时解除对债务人财产的保全措施。

第八条　人民法院受理破产申请后至破产宣告前裁定驳回破产申请，或者依据企业破产法第一百零八条的规定裁定终结破产程序的，应当及时通知原已采取保全措施并已依法解除保全措施的单位按照原保全顺位恢复相关保全措施。

在已依法解除保全的单位恢复保全措施或者表示不再恢复之前，受理破产申请的人民法院不得解除对债务人财产的保全措施。

第九条　管理人依据企业破产法第三十一条和第三十二条的规定提起诉讼，请求撤销涉及债务人财产的相关行为并由相对人返还债务人财产的，人民法院应予支持。

管理人因过错未依法行使撤销权导致债务人财产不当减损，债权人提起诉讼主张管理人对其损失承担相应赔偿责任的，人民法院应予支持。

第十条　债务人经过行政清理程序转入破产程序的，企业破产法第三十一条和第三十二条规定的可撤销行为的起算点，为行政监管机构作出撤销决定之日。

债务人经过强制清算程序转入破产程序的，企业破产法第三十一条和第三十二条规定的可撤销行为的起算点，为人民法院裁定受理强制清算申请之日。

第十一条　人民法院根据管理人的请求撤销涉及债务人财产的以明显不合理价格进行的交易的，买卖双方应当依法返还从对方获取的财产或者价款。

因撤销该交易，对于债务人应返还受让人已支付价款所产生的债务，受让人请求作为共益债务清偿的，人民法院应予支持。

第十二条　破产申请受理前一年内债务人提前清偿的未到期债务，在破产申请受理前已经到期，管理人请求撤销该清偿行为的，人民法院不予支持。但是，该清偿行为发生在破产申请受理前六个月内且债务人有企业破产法第二条第一款规定情形的除外。

第十三条　破产申请受理后，管理人未依据企业破产法第三十一条的规定请求撤销债务人无偿转让财产、以明显不合理价格交易、放弃债权行为的，债权人依据合同法第七十四条等规定提起诉讼，请求撤销债务人上述行为并将因此追回的财产归入债务人财产的，人民法院应予受理。

相对人以债权人行使撤销权的范围超出债权人的债权抗辩的，人民法院不予支持。

第十四条　债务人对以自有财产设定担保物权的债权进行的个别清偿，管理人依据企业破产法第三十二条的规定请求撤销的，人民法院不予支持。但是，债务清偿时担保财产的价值低于债权额的除外。

第十五条　债务人经诉讼、仲裁、执行程序对债权人进行的个别清偿，管理人依据企业破产法第三十二条的规定请求撤销的，人民法院不予支持。但是，债务人与债权人恶意串通损害其他债权人利益的除外。

第十六条　债务人对债权人进行的以下个别清偿，管理人依据企业破产法第三十二条的规定请求撤销的，人民法院不予支持：

（一）债务人为维系基本生产需要而支付水费、电费等的；

（二）债务人支付劳动报酬、人身损害赔偿金的；

（三）使债务人财产受益的其他个别清偿。

第十七条　管理人依据企业破产法第三十三条的规定提起诉讼，主张被隐匿、转移财产的实际占有人返还债务人财产，或者主张债务人虚构债务或者承认不真实债务的行为无效并返还债务人财产的，人民法院应予支持。

第十八条　管理人代表债务人依据企业破产法第一百二十八条的规定，以债务人的法定代表人和其他直接责任人员对所涉债务人财产的相关行为存在故意或者重大过失，造成债务人财产损失为由提起诉讼，主张上述责任人员承担相应赔偿责任的，人民法院应予支持。

第十九条　债务人对外享有债权的诉讼时效，自人民法院受理破产申请之日起中断。

债务人无正当理由未对其到期债权及时行使权利，导致其对外债权在破产申请受理前一年内超过诉讼时效期间的，人民法院受理破产申请之日起重新计算上述债权的诉讼时效期间。

第二十条　管理人代表债务人提起诉讼，主张出资人向债务人依法缴付未履行的出资或者返还抽逃的出资本息，出资人以认缴出资尚未届至公司章程规定的缴纳期限或者违反出资义务已经超过诉讼时效为由抗辩的，人民法院不予支持。

管理人依据公司法的相关规定代表债务人提起诉讼，主张公司的发起人和负有监督股东履行出资义务的董事、高级管理人员，或者协助抽逃出资的其他股东、董事、高级管理人员、实际控制人等，对股东违反出资义务或者抽逃出资承担相应责任，并将财产归入债务人财产的，人民法院应予支持。

第二十一条　破产申请受理前，债权人就债务人财产提起下列诉讼，破产申请受理时案件尚未审结的，人民法院应当中止审理：

（一）主张次债务人代替债务人直接向其偿还债务的；

（二）主张债务人的出资人、发起人和负有监督股东履行出资义务的董事、高级管理人员，或者协助抽逃出资的其他股东、董事、高级管理人员、实际控制人等直接向其承担出资不实或者抽逃出资责任的；

（三）以债务人的股东与债务人法人人格严重混同为由，主张债务人的股东直接向其偿还债务人对其所负债务的；

（四）其他就债务人财产提起的个别清偿诉讼。

债务人破产宣告后，人民法院应当依照企业破产法第四十四条的规定判决驳回债权人的诉讼请求。但是，债权人一审中变更其诉讼请求为追收的相关财产归入债务人财产的除外。

债务人破产宣告前，人民法院依据企业破产法第十二条或者第一百零八条的规定裁定驳回破产申请或者终结破产程序的，上述中止审理的案件应当依法恢复审理。

第二十二条　破产申请受理前，债权人就债务人财产向人民法院提起本规定第二十一条第一款所列诉讼，人民法院已经作出生效民事判决书或者调解书但尚未执行完毕的，破产申请受理后，相关执行行为应当依据企业破产法第十九条的规定中止，债权人应当依法向管理人申报相关债权。

第二十三条　破产申请受理后，债权人就债务人财产向人民法院提起本规定第二十一条第一款所列诉讼的，人民法院不予受理。

债权人通过债权人会议或者债权人委员会，要求管理人依法向次债务人、债务人的出资人等追收债务人财产，管理人无正当理由拒绝追收，债权人会议依据企业破产法第二十二条的规定，申请人民法院更换管理人的，人民法院应予支持。

管理人不予追收，个别债权人代表全体债权人提起相关诉讼，主张次债务人或者债务人的出资人等向债务人清偿或者返还债务人财产，或者依法申请合并破产的，人民法院应予受理。

第二十四条　债务人有企业破产法第二条第一款规定的情形时，债务人的董事、监事和高级管理人员利用职权获取的以下收入，人民法院应当认定为企业破产法第三十六条规定的非正常收入：

（一）绩效奖金；

（二）普遍拖欠职工工资情况下获取的工资性收入；

（三）其他非正常收入。

债务人的董事、监事和高级管理人员拒不向管理人返还上述债务人财产，管理人主张上述人员予以返还的，人民法院应予支持。

债务人的董事、监事和高级管理人员因返还第一款第（一）项、第（三）项非正常收入形成的债权，可以作为普通破产债权清偿。因返还第一款第（二）项非正常收入形成的债权，依据企业破产法第一百一十三条第三款的规定，按照该企业职工平均工资计算的部分作为拖欠职工工资清偿；高出该企业职工平均工资计算的部分，可以作为普通破产债权清偿。

第二十五条　管理人拟通过清偿债务或者提供担保取回质物、留置物，或者与质权人、留置权人协议以质物、留置物折价清偿债务等方式，进行对债权人利益有重大影响的财产处分行为的，应当及时报告债权人委员会。未设立债权人委员会的，管理人应当及时报告人民法院。

第二十六条　权利人依据企业破产法第三十八条的规定行使取回权，应当在破产财产变价方案或者和解协议、重整计划草案提交债权人会议表决前向管理人提出。权利人在上述期限后主张取回相关财产的，应当承担延迟行使取回权增加的相关费用。

第二十七条　权利人依据企业破产法第三十八条的规定向管理人主张取回相关财产，管理人不予认可，权利人以债务人为被告向人民法院提起诉讼请求行使取回权的，人民法院应予受理。

权利人依据人民法院或者仲裁机关的相关生效法律文书向管理人主张取回所涉争议财产，管理人以生效法律文书错误为由拒绝其行使取回权的，人民法院不予支持。

第二十八条　权利人行使取回权时未依法向管理人支付相关的加工费、保管费、托运费、委托费、代销费等费用，管理人拒绝其取回相关财产的，人民法院应予支持。

第二十九条　对债务人占有的权属不清的鲜活易腐等不易保管的财产或者不及时变现价值将严重贬损的财产，管理人及时变价并提存变价款后，有关权利人就该变价款行使取回权的，人民法院应予支持。

第三十条　债务人占有的他人财产被违法转让给第三人，依据物权法第一百零六条的规定第三人已善意取得财产所有权，原权利人无法取回该财产的，人民法院应当按照以下规定处理：

（一）转让行为发生在破产申请受理前的，原权利人因财产损失形成的债权，作为普通破产债权清偿；

（二）转让行为发生在破产申请受理后的，因管理人或者相关人员执行职务导致原权利人损害产生的债务，作为共益债务清偿。

第三十一条　债务人占有的他人财产被违法转让给第三人，第三人已向债务人支付了转让价款，但依据物权法第一百零六条的规定未取得财产所有权，原权利人依法追回转让财产的，对因第三人已支付对价而产生的债务，人民法院应当按照以下规定处理：

（一）转让行为发生在破产申请受理前的，作为普通破产债权清偿；

（二）转让行为发生在破产申请受理后的，作为共益债务清偿。

第三十二条　债务人占有的他人财产毁损、灭失，因此获得的保险金、赔偿金、代偿物尚未交付给债务人，或者代偿物虽已交付给债务人但能与债务人财产予以区分的，权利人主张取回就此获得的保险金、赔偿金、代偿物的，人民法院应予支持。

保险金、赔偿金已经交付给债务人，或者代偿物已经交付给债务人且不能与债务人财产予以区分的，人民法院应当按照以下规定处理：

（一）财产毁损、灭失发生在破产申请受理前的，权利人因财产损失形成的债权，作为普通破产债权清偿；

（二）财产毁损、灭失发生在破产申请受理后的，因管理人或者相关人员执行职务导致权利人损害产生的债务，作为共益债务清偿。

债务人占有的他人财产毁损、灭失，没有获得相应的保险金、赔偿金、代偿物，或者保险金、赔偿物、代偿物不足以弥补其损失的部分，人民法院应当按照本条第二款的规定处理。

第三十三条　管理人或者相关人员在执行职务过程中，因故意或者重大过失不当转让他人财产或者造成他人财产毁损、灭失，导致他人损害产生的债务作为共益债务，由债务人财产随时清偿不足弥补损失，权利人向管理人或者相关人员主张承担补充赔偿责任的，人民法院应予支持。

上述债务作为共益债务由债务人财产随时清偿后，债权人以管理人或者相关人员执行职务不当导致债务人财产减少给其造成损失为由提起诉讼，主张管理人或者相关人员承担相应赔偿责任的，人民法院应予支持。

第三十四条　买卖合同双方当事人在合同中约定标的物所有权保留，在标的物所有权未依法转移给买受人前，一方当事人破产的，该买卖合同属于双方均未履行完毕的合同，管理人有权依据企业破产法第十八条的规定决定解除或者继续履行合同。

第三十五条　出卖人破产，其管理人决定继续履行所有权保留买卖合同的，买受人应当按照原买卖合同的约定支付价款或者履行其他义务。

买受人未依约支付价款或者履行完毕其他义务，或者将标的物出卖、出质或者作出其他不当处分，给出卖人造成损害，出卖人管理人依法主张取回标的物的，人民法院应予支持。但是，买受人已经支付标的物总价款百分之七十五以上或者第三人善意取得标的物所有权或者其他物权的除外。

因本条第二款规定未能取回标的物，出卖人管理人依法主张买受人继续支付价款、履行完毕其他义务，以及承担相应赔偿责任的，人民法院应予支持。

第三十六条　出卖人破产，其管理人决定解除所有权保留买卖合同，并依据企业破产法第十七条的规定要求买受人向其交付买卖标的物的，人民法院应予支持。

买受人以其不存在未依约支付价款或者履行完毕其他义务，或者将标的物出卖、出质或者作出其他不当处分情形抗辩的，人民法院不予支持。

买受人依法履行合同义务并依据本条第一款将买卖标的物交付出卖人管理人后，买受人已支付价款损失形成的债权作为共益债务清偿。但是，买受人违反合同约定，出卖人管理人主张上述债权作为普通破产债权清偿的，人民法院应予支持。

第三十七条　买受人破产，其管理人决定继续履行所有权保留买卖合同的，原买卖合同中约定的买受人支付价款或者履行其他义务的期限在破产申请受理时视为到期，买受人管理人应当及时向出卖人支付价款或者履行其他义务。

买受人管理人无正当理由未及时支付价款或者履行完毕其他义务，或者将标的物出卖、出质或者作出其他不当处分，给出卖人造成损害，出卖人依据合同法第一百三十四条等规定主张取回标的物的，人民法院应予支持。但是，买受人已支付标的物总价款百分之七十五以上或者第三人善意取得标的物所有权或者其他物权的除外。

因本条第二款规定未能取回标的物，出卖人依法主张买受人继续支付价款、履行完毕其他义务，以及承担相应赔偿责任的，人民法院应予支持。对因买受人未支付价款或者未履行完毕其他义务，以及买受人管理人将标的物出卖、出质或者作出其他不当处分导致出卖人损害产生的债务，出卖人主张作为共益债务清偿的，人民法院应予支持。

第三十八条　买受人破产，其管理人决定解除所有权保留买卖合同，出卖人依据企业破产法第三十八条的规定主张取回买卖标的物的，人民法院应予支持。

出卖人取回买卖标的物，买受人管理人主张出卖人返还已支付价款的，人民法院应予支持。取回的标的物价值明显减少给出卖人造成损失的，出卖人可从买受人已支付价款中优先予以抵扣后，将剩余部分返还给买受人；对买受人已支付价款不足以弥补出卖人标的物价值减损损失形成的债权，出卖人主张作为共益债务清偿的，人民法院应予支持。

第三十九条　出卖人依据企业破产法第三十九条的规定，通过通知承运人或者实际占有人中止运输、返还货物、变更到达地，或者将货物交给其他收货人等方式，对在运途中标的物主张了取回权但未能实现，或者在货物未达管理人前已向管理人主张取回在运途中标的物，在买卖标的物到达管理人后，出卖人向管理人主张取回的，管理人应予准许。

出卖人对在运途中标的物未及时行使取回权，在买卖标的物到达管理人后向管理人行使在运途中标的物取回权的，管理人不应准许。

第四十条　债务人重整期间，权利人要求取回债务人合法占有的权利人的财产，不符合双方事先约定条件的，人民法院不予支持。但是，因管理人或者自行管理的债务人违反约定，可能导致取回物被转让、毁损、灭失或者价值明显减少的除外。

第四十一条　债权人依据企业破产法第四十条的规定行使抵销权，应当向管理人提出抵销主张。

管理人不得主动抵销债务人与债权人的互负债务，但抵销使债务人财产受益的除外。

第四十二条　管理人收到债权人提出的主张债务抵销的通知后，经审查无异议的，抵销自管理人收到通知之日起生效。

管理人对抵销主张有异议的，应当在约定的异议期限内或者自收到主张债务抵销的通知之日起三个月内向人民法院提起诉讼。无正当理由逾期提起的，人民法院不予支持。

人民法院判决驳回管理人提起的抵销无效诉讼请求的，该抵销自管理人收到主张债务抵销的通知之日起生效。

第四十三条　债权人主张抵销，管理人以下列理由提出异议的，人民法院不予支持：

（一）破产申请受理时，债务人对债权人负有的债务尚未到期；

（二）破产申请受理时，债权人对债务人负有的债务尚未到期；

（三）双方互负债务标的物种类、品质不同。

第四十四条　破产申请受理前六个月内，债务人有企业破产法第二条第一款规定的情形，债务人与个别债权人以抵销方式对个别债权人清偿，其抵销的债权债务属于企业破产法第四十条第（二）、（三）项规定的情形之一，管理人在破产申请受理之日起三个月内向人民法院提起诉讼，主张该抵销无效的，人民法院应予支持。

第四十五条　企业破产法第四十条所列不得抵销情形的债权人，主张以其对债务人特定财产享有优先受偿权的债权，与债务人对其不享有优先受偿权的债权抵销，债务人管理人以抵销存在企业破产法第四十条规定的情形提出异议的，人民法院不予支持。但是，用以抵销的债权大于债权人享有优先受偿权财产价值的除外。

第四十六条　债务人的股东主张以下列债务与债务人对其负有的债务抵销，债务人管理人提出异议的，人民法院应予支持：

（一）债务人股东因欠缴债务人的出资或者抽逃出资对债务人所负的债务；

（二）债务人股东滥用股东权利或者关联关系损害公司利益对债务人所负的债务。

第四十七条　人民法院受理破产申请后，当事人提起的有关债务人的民事诉讼案件，应当依据企业破产法第二十一条的规定，由受理破产申请的人民法院管辖。

受理破产申请的人民法院管辖的有关债务人的第一审民事案件，可以依据民事诉讼法第三十八条的规定，由上级人民法院提审，或者报请上级人民法院批准后交下级人民法院审理。

受理破产申请的人民法院，如对有关债务人的海事纠纷、专利纠纷、证券市场因虚假陈述引发的民事赔偿纠纷等案件不能行使管辖权的，可以依据民事诉讼法第三十七条的规定，由上级人民法院指定管辖。

第四十八条　本规定施行前本院发布的有关企业破产的司法解释，与本规定相抵触的，自本规定施行之日起不再适用。